管教孩子的16高招

第二版

第二冊
如何維持孩子良好的行為

How to Manage
Behavior Series

Nathan H. Azrin、Victoria A. Besalel、
Karen Esveldt-Dawson、Alan E. Kazdin、
Ron Van Houten、R. Vance Hall、Marilyn L. Hall　著

吳武典　主編
盧台華、王文秀、邱紹春、蔡崇建、王宣惠　譯

How To Manage Behavior Series

Second Edition

Nathan H. Azrin

Victoria A. Besalel

Karen Esveldt-Dawson

Alan E. Kazdin

Ron Van Houten

R. Vance Hall

Marilyn L. Hall

目錄

4 如何讓孩子朝我們期望的方向發展？
　——系統性注意與讚賞的應用 …………………… 121

主編簡介

吳武典 | 學歷：美國肯塔基大學哲學博士（學校心理學）
現職：國立台灣師範大學特殊教育學系名譽教授

譯者簡介

盧台華　┃學歷：美國奧瑞崗大學哲學博士（特殊教育）
　　　　　┃現職：國立台灣師範大學特殊教育學系教授

王文秀　┃學歷：美國賓州州立大學教育博士（諮商員教育）
　　　　　┃現職：國立新竹教育大學教育心理與諮商學系教授

邱紹春　┃學歷：日本國立筑波大學教育碩士（特殊教育）
　　　　　┃　　　日本國立筑波大學身心障礙學博士課程
　　　　　┃現職：國立台灣師範大學特殊教育學系副教授（退休）

蔡崇建　┃學歷：國立台灣師範大學教育碩士（教育心理與輔導）
　　　　　┃　　　英國諾丁漢大學博士課程研究
　　　　　┃現職：國立台灣師範大學特殊教育學系教授（退休）

王宣惠　┃學歷：國立台灣師範大學特殊教育學系學士、碩士生
　　　　　┃現職：新北市立青山國民中小學教師

原編者序

　　第一版的行為管理系列（How to Manage Behavior Series）於十五年前發行，乃是針對行為治療及教育訓練人員教學與輔導上的需要，出版後廣受治療及訓練人員的歡迎。但他們也普遍覺得有必要為家長、教師和學生撰寫一套較為通俗的指引，以輔助訓練和治療的進行。基此，本修訂版乃更換或增加若干單元和內容，以符合使用者的需要。我們希望新增的單元使本系列叢書更具有實用性。

　　本叢書得以發行，特別感謝 PRO-ED 公司的副總裁 Steven Mathews 先生。他在修訂的過程中提供了很多寶貴的意見，正如第一版編撰時 H & H 公司的 Robert K. Hoyt 先生一樣，提供許多有益的協助。

　　這套叢書是設計來教導實務工作者（包括家長）如何管理孩子、學生和員工行為的各種方法，而這些行為可能在家裡、學校或職場造成干擾或破壞。本叢書儘量避免專門術語，每個方法都明確界定，每個步驟都敘說清楚，並且輔以實例和練習，便於讀者以口語或書寫作實務演練。

　　本叢書中設計的練習作業，宜在有人指導的情況下進行，通常是由具有行為科學背景的專業人士擔任指導工作。

　　本叢書的各篇格式相似，但在應用時得隨教學或訓練的情境之不同作彈性的調整。

　　一如往昔，我們歡迎您的提問、批評和指教。我們最高興的一件事莫過於聽到您應用本叢書後，成功地改變了自己或他人的行為，而使生活更有樂趣、更有效率、更有目標。

R. Vance Hall

Marilyn L. Hall

主編者的話

　　從未涉世的孩子就像深山中的璞玉，而父母與師長就好像求好心切的雕刻師。這塊璞玉將來是被雕塑成藝術精品，抑或是不成材的劣品，端視為人父母與師長的用心與手藝而定。然而，一般而言，父母與教師經常是用心有餘而手藝不足，空有豐沛愛心而無實用技巧，以致於在教養孩子方面，雖然竭盡了心力，卻得不到預期效果，直怨現代孩子難教。

　　坊間談如何管教孩子的書籍很多，各有其見解，所倡導的方法也各有特色。然而，能把重要而有效的方法集其大成，供老師與家長靈活應用的卻是不多。因此，當十六年前初次見到這套由美國四位教育名家（N. H. Azrin、V. A. Besalel、R. V. Hall 和 M. C. Hall）編輯而成的十六本行為管理手冊時，不禁欣喜萬分，如獲至寶，特約請學有專精、年輕有為、均具教育碩士或博士學位的專家翻譯出來，彙成《管教孩子的 16 高招》實用手冊，以饗讀者，果然廣受歡迎。

　　今日這套叢書第二版由參與第一版編輯的著名學者 R. Vance Hall 和 Marilyn L. Hall 主編，除了他們夫婦（皆堪薩斯大學教授）親自撰著五本之外，另邀請了 S. Axelrod、T. Ayllon、N. H. Azrin、D. M. Baer、V. A. Besalel、K. Esveldt-Dawson、R. V. Houten、A. E. Kazdin、M. V. Panyan、A. Rolider、S. Striefel 和 S. F. Thibadeau 等十二位名家執筆修訂。心理出版社繼續取得美國 PRO-ED 出版公司的授權，仍由個人邀請原譯者群（盧台華、張正芬、邱紹春、蔡崇建和王文秀等教授），加上周天賜教授、邱曉敏博士和王宣惠老師，共襄盛舉，譯成中文在台發行。新版仍維持十六個單元（十六招），整合在培養良好行為、維持良好行為、改變不良行為及培養自導能力四大主題下。與第一版相較，新版約有三成的變化，包括增加三個全新的單元：「如何提醒而不嘮

叨？——提醒策略的應用」、「如何運用團體的動力？——團體增強策略的應用」與「如何使孩子對自己的行為負責？——自負其責策略的應用」，刪除了三個原編者認為較不急需的舊單元：「如何培養孩子良好的行為？——『逐步養成』策略的運用」、「如何加強孩子的語言能力？——『隨機教學法』的運用」與「怎樣罵孩子？——『斥責』技巧的運用」。其餘各單元的內容亦多少有所修正或增益。這些調整的主要目的是納入更多學理依據和實務經驗，使新版書顯得更為適切、更為實用。

這套叢書得以順利付梓，除了要感謝譯者們的用心，還得感謝心理出版社的大力支持，尤其林敬堯總編輯的頻頻催促、協助策劃和高碧嶸編輯的細心校稿，最令人難忘。

這套叢書定名為《管教孩子的 16 高招》，共分為四冊十六篇，包括：

　　本套叢書以理論作基礎、實用為依歸，每篇都有策略、實例、基本步驟及注意事項的生動說明，並有練習作業供實際演練，最後有總結，實為教師輔導學生、父母管教子女的最佳指引，其原理與技巧亦可供工商企業員工訓練之用。

吳武典

2010 年 11 月 30 日

於國立台灣師範大學特殊教育學系

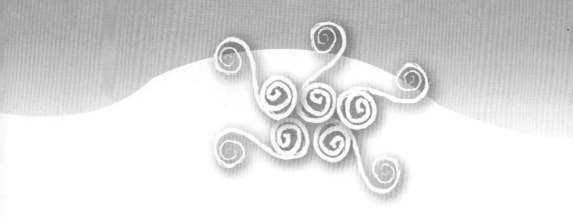

大人說破了嘴仍然無效，孩子大過不犯小錯不斷，怎麼辦？

——積極演練、自我矯正與過度矯正技巧的應用

N. H. Azrin & V. A. Besalel◎著
盧台華、王文秀◎譯

引言

　　本篇的目的在教導父母與教師、兒童的相關照顧者，以及在發展、智能與情緒障礙兒童與青少年機構服務的諮商與輔導人員如何應用積極演練、自我矯正與過度矯正的策略。本書可作為在有熟悉書中所述及之積極演練、自我矯正與過度矯正策略範例與使用的輔導、諮商或專業人員指導下進行之部份教學方案內容，指導者必須先檢視讀者所填寫之書內各項摘要重點與練習範例，以便了解其是否確實了解並熟悉各項策略使用之步驟與歷程，並需提供書內練習範例之回饋與討論。

1

第一部分 「積極演練」之技巧

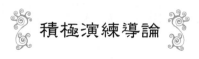

積極演練導論

積極演練或單純演練

積極演練（positive practice）強調需經由練習來學習各種行為，練習的重要性已眾所周知，但此處強調的是當錯誤產生後應如何演練正確的行為，這比初學新技巧需要的練習更多。也就是說當錯誤產生時，需停止所有的學習活動，仔細地重複演練若干次正確的行為。這種系統化、重複性的練習可以讓錯誤受到干擾，也增強了希望取代的行為。

積極演練的實例

淑宜是國小五年級學生，經常未經許可擅自離開座位或隨便發言，但是以前她曾經舉手發言過，因此顯然她知道該怎麼做。而且通常老師們在開學第一天時，即已說明此項規則，並要學生練習過一次。

老師對淑宜此項干擾教學的行為相當頭痛，他曾採取責罵並剝奪淑宜下課權利的方式，然而不但未見效，而且自覺此項處分不甚適當。在改用稱讚淑宜良好的行為忽略其不良行為的策略後亦未有進展，淑宜仍然持續干擾教學，甚至在剛處分完畢後又故態復萌。

老師決定嘗試積極演練的技巧，他與淑宜訂定了新規則，只要淑宜有擅自離座或隨便講話的行為出現，老師立即要她回到座位上練習舉手。老師會站在她旁邊，先要她練習一次離座或講話前應如何做，並在手舉起數秒後，老師會告訴她做得很好，並要求她再舉一次，直至做了五至十次才停止。在演練時，老師的聲調要平穩，不要顯出生氣的樣子，同時要在干擾行為發生後立即執行，以打斷干擾的行為。況且從淑宜的觀點來看，開始離座或說話前先舉手，會比花更多時間演練舉手行為容易得多。因為老師已在事前先跟

淑宜解釋清楚規則，讓她了解該怎麼做及會有什麼結果產生，所以淑宜預期會有什麼後果亦欣然同意這些演練。

　　大約只花了兩天的時間，淑宜的干擾行為即被去除了，她在離座與說話前一定先取得同意。有兩次她忘了舉手，積極演練技巧立即施行於後。當然老師也會在她自動舉手時，立即叫她起來以鼓勵她的新行為模式。

自我測驗

1. 老師有沒有生氣？　　有□　　沒有□

2. 學生是不是很合作？　　是□　　不是□

3. 學生有沒有因為反覆練習而覺得不方便？　　有□　　沒有□

4. 學生的不良行為是否受到苛責？　　是□　　否□

5. 學生是否學到了或重新學習了正確的行為？　　是□　　否□

6. 不良行為是否受到了干擾？　　是□　　否□

積極演練的特點

　　上例闡明了積極演練的數項特點：

- 可避免苛責學生。

- 可避免用打或剝奪權利的方式處罰學生。

- 老師或父母不需要生氣。

- 強調「正確」的而非「不正確」的行為。

- 不良行為會被立即打斷。

- 正確的行為會經由演練而成為習慣。

- 強調「應該做什麼」以代替「不該做什麼」。

缺乏充分學習是問題行為的肇因

有時候孩子的錯誤不是如上例中淑宜的漫不經心態度所造成，往往缺乏學習也是問題行為之成因，下例即是因為缺乏充分的學習而採用積極演練的範例。

範例：尿床行為的處理

明偉是一個十二歲大的男孩，但每晚都會尿床，他的父母想盡了辦法來改正此項行為，例如在睡覺前不准他喝水、帶他去醫院檢查、忽視尿床行為達數月之久、責罵或威脅他不准再明知故犯等等都無效。明偉自己也很沮喪，並且一再聲明自己不知道該如何改正，而且更迫切希望能改正自己的尿床行為。

他的父母終於想到了一個解決的辦法。他們對明偉說，只要他們發現他尿床時，他就必須練習「跳下床跑到廁所」的正確行為，也就是說他要躺在床上一分鐘左右，然後跳下床跑入廁所，在廁所待一分鐘左右，再跑回床上，這樣重複做十次為止。這項演練技巧建立了明偉在有尿意時即起床的習慣，因此在實施的第一個星期中，他只有兩次尿床的紀錄。

在第一週中的第一次尿床行為發生時，明偉在媽媽的督導下，積極演練了二十次「起床上廁所」的正確行為，第二天晚上雖然他沒有尿床，但為了要建立此項習慣，他自願再做二十次的演練。媽媽看到了明偉這種非常想去除尿床行為的自動自發精神，非常感動，她稱讚了明偉的良好行為。

另一種方式的積極演練技巧亦可用於控制尿床的行為。前項方式是當有尿意時演練起床行為，第二種方式則是在有尿意時要忍住不尿出來。就此方式，明偉練習在白天有尿意時儘量忍住，這項練習可以增進其長時間不尿的行為，俾幫助其在晚上睡久一些而不致尿床。

第二週中，明偉只有一次尿床行為，第三週也只有一次，到第五週時又有一次。每次尿床後，他會立即起床積極演練正確行為，而且在第二天睡覺前又會自動演練此項行為。

自我測驗

1. 兩種訓練尿床行為的積極演練反應為何？
   (1) _____
   (2) _____

2. 上述行為的產生係起因於（選擇其一）：
   (1) 故犯的不良行為。
   (2) 缺乏練習。

3. 明偉是否有意願要改正這項行為？
   是□　否□

4. 在從事正確演練時，明偉是否受到脅迫或處罰？
   是□　否□

5. 起床行為的演練是（選擇其一）：
   (1) 持續不斷地練習。
   (2) 只有在需要時才演練。

6. 積極演練是否係一項處理上述尿床行為的系統性方式？
   是□　否□
   為什麼？_____
   _____

7. 積極演練尿床行為是否需要孩子花費時間及精力來改正？
   是□　否□

8. 假如行為係明知故犯型的，你認為採用積極演練技巧是否有效？
   是□　否□
   為什麼你認為有效？_____
   _____

9. 明偉的媽媽是否有督導明偉演練正確行為？

是□　否□

10. 在實施積極演練技巧前，明偉的父母是否有討論過實施的理由及方式？
是□　否□

　　第一題的正確答案是要忍尿及起床上廁所；第二題答案為(2)；第三題答案為「是」；第四題答案為「否」；第五題答案為(2)；第六至十題答案皆為「是」。

　　上例闡明了應用積極演練技巧來改正孩童因缺乏充分學習而造成的不良行為，而不是因明知故犯或漫不經心引發的不良行為。

「故犯型」行為或「缺乏充分學習」行為？

　　如果孩子們犯的是明知故犯的錯誤，通常他較會抗拒積極演練的技巧。但如果係因缺乏充分學習而引起之錯誤，則他多半願意實施積極演練技巧，甚至更渴望能改正錯誤行為。所以讓孩子們了解為何要採用此技巧能避免不良行為的一再發生，而且他們多半會以較接納的態度來做積極演練。他們願意練習不但是因為不會受到責罵，而且由於了解對其本身的影響，所以每一個步驟的施行都變得更有意義而心甘情願去做。

　　積極演練由於既費時不便、又需費許多心力去做額外的練習，應該是個相當有效的技巧。如果孩子的錯誤係出於故意，讓他額外花費心力於積極演練，往往會削減他再度犯不良行為的銳氣。反之，如果孩子是由於未具有充分的學習機會才造成不良行為，也會因密集演練正確行為而不再犯錯。

 自我測驗

---

1. 在使用積極演練技巧前是否需要知道錯誤係出自明知故犯？
是□　否□

2. 在實施積極演練期間，如果孩子有吵鬧不合作的現象，可說他犯錯的原因是出自（選擇其一）：

(1) 缺乏充分的學習。

(2) 明知故犯。

3. 如果孩子很熱心地去做積極演練，他的錯誤較可能是因為（選擇其一）：

(1) 缺乏充分的學習。

(2) 明知故犯。

上項答案應為：第一題答案為「否」；第二題答案為(2)；第三題答案為(1)。

缺乏充分學習的時間

通常我們給孩子們的協助太少。我們只給予他們口頭的說明，並未給予他們練習的機會和一段教導與自我應用間的緩衝期，卻要求孩子們在未經練習及粗略的指導下，精確無誤地表現出我們所教導的行為。

積極演練過程提供了在錯誤發生後所需的練習機會。如果孩子能正確地表現出我們希望的行為，可能表示我們的指導已足夠了，不再需要多餘的練習。

粗心大意

積極演練頗為費時費力，所以會使一個粗心大意的人變得愈來愈仔細。一般而言，不論錯誤發生在何時何地，只要花費愈多的時間與精力致力於演練，錯誤也就愈不可能再度發生。

避免批評與懲罰

積極演練技巧強調的是正確行為的練習，也就是當問題行為發生時，父母要決定正確的行為是什麼，然後集中精神幫助孩子不斷重新演練正確行為。

積極演練並不是批評，更不是會讓孩子沮喪的懲罰，所以父母們要避免用批評、責罵、嚴厲的口吻、體罰、剝奪孩子權利等方式。反之，父母應強調的是孩子將來應表現的良好行為。

在強調正確的行為方面，父母要避免用消極否定的語調，諸如：「不要

用力關門」、「不要亂吼」、「不要罵人」、「不要打他」、「不要忘記你的家庭作業」等等，而需改用正面的口語，如「晚飯後要做功課」、「小聲點講話」、「請你輕輕地關門」等。

▲以下列舉了一些父母可用來改正孩子行為的正向指導語，請填寫空白處。

負向指導語	取代 →	正向指導語
不要用力關門	—	輕輕地關門
不要罵人	—	講一些好聽的話
不要亂丟衣物	—	撿起你的衣服
不要挖鼻孔	—	用衛生紙擦鼻孔
不要忘記要……	—	記得要……
不要在百貨公司裡跑來跑去	—	跟在我的旁邊走
不要太晚回家	—	_____
不要慌慌張張的	—	_____
不要跟老師爭辯	—	_____
不要上學遲到	—	_____
不要打斷我的話	—	_____
不要在家裡跑來跑去	—	_____

 辨明需要練習的行為

確立正確行為

運用積極演練技巧首先要確立欲演練的正確行為為何，如果選定的行為並非所需改正的正確行為，孩子會有被處罰的感覺，並非合理且符合需要的學習經驗。

 自我測驗：用力關門行為

▲如果父母希望孩子能輕聲關門以取代用力關門的行為，那麼正確的演練行為應為下列哪一種？

1. 要他們向父母道歉。　是□　否□

2. 責罵他。　是□　否□

3. 要他輕輕地關上門。　是□　否□

4. 向他說明為何不該用力關門。　是□　否□

5. 要他去倒垃圾。　是□　否□

　　在上例中，正確的演練行為應為要他輕輕關上門。演練的方式是要他走進房間內若干次，每次都在父母的督導下輕輕關上門。這種練習的方式可以保證孩子練習了正確的行為，此外，額外花費於走進走出、關門開門的時間與精力也會提醒孩子寧願下次小心些。

　　在整個練習過程中，父母可能要注意孩子用力關門的原因。如果孩子係因進入時用力過猛或鬆手太快，父母應該特別指導與演練他錯誤的那部分；或者有可能因門柵太鬆或太緊等，那麼亦應調整以適應孩子的力量與需要。總之，積極演練技巧鼓勵父母及孩子發掘錯誤的原因所在。

 自我測驗：強迫性偷竊行為

▲如果一個智能障礙的女孩常強迫性地拿養護機構中同住的其他孩童的東西，那麼下列哪些是可以訓練她改正偷竊習慣的正確演練行為？

1. 要孩子歸還失物。　是□　否□

2. 要孩子換另一個房間住。　是□　否□

3. 要孩子整理自己的房間。　是□　否□

4. 要她向別的孩子要東西而非偷。　是□　否□

5. 要孩子說出五個不應偷竊的理由。　是□　否□

6. 要孩子向大人要與所偷之物類似的東西。　是□　否□

　　在上例中，孩子應表現的正確行為，是當她想要某件物品時，她應向另一位孩童詢問是否可以給她那件物品。在執行積極演練技巧時，教師們要重複地督導她向另一孩童要求這項物品，必要時並要指導她該說些什麼及怎麼做。這項練習可以讓孩子體認到應如何有禮貌並有效地向他人要求東西。在整個過程中，孩子可以習得她應該表現的行為。

　　從另一方面來看，如果僅僅把孩子送往另一間房間，或者要她了解不應偷竊的理由，亦或要她歸還失物、清潔房間等都不可能讓她學會適當地向他人要求東西的技巧。上述這些替代方式雖然也都很費時費力，但卻只有積極演練技巧能達成「孩子以後該如何做」的目標。

　　辨明需用何種行為來做積極演練的正確行為，其重要性可由下例中闡明。

自我測驗：踢足球的錯誤行為

大明是一個十二歲的男孩，上學校足球課時頗感困擾。他跑得很快，可以很容易地追上對手，而且也知道足球的規則與玩法，但是當他要接球時，卻常常接不住而掉在地上。所以老師常常生氣地罰他跑操場十圈，或做三十個伏地挺身，或者甚至不讓他繼續玩。

▲如果老師要用積極演練技巧來改正大明的行為，他該怎麼做？

_____

_____

　　正確的答案是老師應該指導大明不斷地練習接球。要他跑操場十圈、做三十個伏地挺身，或不讓他玩都只會讓大明覺得懊惱，只有接球練習才能教

導大明正確的行為。

因為孩子需要較詳細的指導或生理上的協助才可學會正確的行為，所以父母或教師應該靠近他來督導他演練。最好是能站在他的身旁隨時給予指導與協助，直到練習達至正確快速的目標為止。

 ## 單純矯正或積極演練

如果問題行為並不嚴重、或發生率很低、或不是故意騷擾別人的行為，那麼單純矯正可能就足夠了。但如果孩子經常不收拾他的衣物，在提醒多次後依然故我，這表示單純矯正或光用口頭要求是不夠的。所謂的單純矯正就是叫他不要玩了去收拾自己的衣物，而積極演練則不只是要孩子收拾衣物，而且要他收拾好幾次，甚至可以要求他收拾每個房間。

單純矯正技巧所確立的正確行為與積極演練技巧所要求的正確行為可能不盡相同。例如孩子打破了碗碟，單純矯正的要求可能只是要孩子把它黏補好或賠一個碟子，但是積極演練則需要孩子練習慢慢地、輕輕地、穩穩地拿住碗碟。

所以矯正的行為與積極演練的行為並不相同，但都很需要，因此在上例中，孩子不但要學習如何拿碗碟，也要為摔破碟子而有所賠償。

有些行為恐怕無法矯正，而只能用積極演練的方式訓練。例如：孩子因為快遲到了，來不及告訴父母他的去處，他可以寫紙條給父母說明他在哪裡、何時會回家，所以他可以演練在離家前寫紙條放在廚房桌子上的行為。

11

 ### 自我測驗：嘔吐行為

另一例亦可闡明矯正與積極演練的不同處。有一個重度智能障礙的女士，一天中會在衣服上、床上、及不同的地點嘔吐多次。這種嘔吐行為一部分是自發性的，另一部分則是故意的而與醫療無關。

▲這位女士可能被要求做何種單純矯正的行為？

▲這位女士可能被要求做何種積極演練行為？

_____

_____

就矯正而言，這位女士可能會被要求清理她的衣服、床單、或吐過的地板。但就積極演練而言，她可能被要求做跑到廁所或洗手枱、彎下身子、張嘴吐到該吐的地方等一連串的行為。這項演練要重複多次，每次都要從她嘔吐的地點開始做。

實際上在糾正這項行為的過程中，單純矯正與積極演練兩項過程都已實施，並成功地降低了這位女士每天嘔吐的次數至零次。這位女士現在已不需經由指導、要求，而能自動自發地吐在廁所的便池內或洗手枱中。

 ## 重複演練正確行為

我們已經了解積極演練的有效性有賴於充分的學習與所花費的時間與精力。如果僅提供一次練習的機會，那麼需花費的時間與精力相對也減少了，正確行為的發生率當然也減低了，所以積極演練需要若干次的練習機會。練習的重要性可由下例中清楚說明。

範例：搖頭行為

可欣是一個八歲大的自閉症女童。她既不會說話，在個別化教學的學習中亦感困難，其中最大的障礙出於經常性的搖頭行為。老師們不知道告誡了她多少次不要再搖頭，也嘗試過用忽視的策略，或在她不搖頭的短暫時間內稱讚她的良好行為，甚至責罵她及禁止她，但是都沒有用，所以才決定採用積極演練技巧。

首先要避免對可欣生氣，也就是說絕不可施予責罵與處分；其次要確立正確行為。老師們認為要可欣的頭保持靜止狀態且能依指令轉動是他們的行

為目標，所以，當可欣搖頭時，老師坐在可欣的後面，輕輕地扶住她的頭約十五秒左右不讓她動，然後叫可欣自己把頭仰起保持十五秒左右不動。每次當她搖頭時就重複這兩個步驟達五分鐘之久。在一星期內可欣搖頭的次數比從前少了一半，顯示出積極演練的確有效，但還不能徹底糾正她的行為。

因為尚未達到預期目標，老師們決定延長練習的時間至二十分鐘為止。四天後，搖頭行為已不再出現了。此後老師們幾乎很少需要再扶她的頭，現在可欣已能把頭擺正不動且參與班級的教學活動了。由於她已能專注於學習，所以進步得很快，已升到較高程度的組別中學習。

自我測驗

1. 上例中，能使可欣的搖頭行為完全去除的要素為何？

_____

_____

2. 延長練習的時間是否提供了更多的學習機會？　是□　否□

3. 延長練習的時間是否需可欣花費更多的時間與精力？　是□　否□

4. 積極演練技巧是否有效？　是□　否□

5. 你認為可欣是否對做積極演練有些厭煩？　是□　否□

6. 延長練習的時間是否有助於可欣停止搖頭的行為？　是□　否□

13

假如你第一題的答案是「延長練習的時間」，那就對了！其他五題的答案都是「是」。

偶發或經常犯的錯誤

如果所犯的僅是偶發性或輕微的錯誤，那麼可能僅需很短的積極演練時間就足以防止未來錯誤的發生。但是以上述可欣的例子而言，因為搖頭行為的形成已是經年累月而且妨礙了她的學習，所以需要較長的演練時間。同樣

的，前述的用力關門與無法接球的例子也是如此，需要更多的演練次數與時間，俾提供充分的練習機會且需付出更多的心力與時間。

　　反之，如果孩子的錯誤僅係偶發的，譬如偶爾忘記刷牙、擦去臉上的食物殘屑等，也許一次的演練就足夠了。

自我測驗

▲從你自己犯過的錯誤行為中，列舉兩種僅需一次演練的行為。

例一：＿＿＿＿＿＿＿＿＿＿＿＿＿＿＿＿＿＿＿＿＿＿＿＿＿＿＿＿

＿＿＿＿＿＿＿＿＿＿＿＿＿＿＿＿＿＿＿＿＿＿＿＿＿＿＿＿＿＿＿

例二：＿＿＿＿＿＿＿＿＿＿＿＿＿＿＿＿＿＿＿＿＿＿＿＿＿＿＿＿

＿＿＿＿＿＿＿＿＿＿＿＿＿＿＿＿＿＿＿＿＿＿＿＿＿＿＿＿＿＿＿

▲請列舉兩種需要多次演練的行為。

例一：＿＿＿＿＿＿＿＿＿＿＿＿＿＿＿＿＿＿＿＿＿＿＿＿＿＿＿＿

＿＿＿＿＿＿＿＿＿＿＿＿＿＿＿＿＿＿＿＿＿＿＿＿＿＿＿＿＿＿＿

例二：＿＿＿＿＿＿＿＿＿＿＿＿＿＿＿＿＿＿＿＿＿＿＿＿＿＿＿＿

＿＿＿＿＿＿＿＿＿＿＿＿＿＿＿＿＿＿＿＿＿＿＿＿＿＿＿＿＿＿＿

 錯誤發生後應立即實施積極演練

　　積極演練應儘快在錯誤行為發生後施行。立即施行可以干擾不良行為及錯誤的進行，也可進一步阻止錯誤及不良行為再度發生的機會。

　　在前面曾提及積極演練舉手行為而使學生隨便講話與離座行為減少的例子。起初，老師要學生在下課休息時才演練正確的行為，結果孩子的不良行為由每天三十次減為每天兩次。然後老師改在每次不良行為發生後立即至少實施一次演練正確行為，其餘在下課後演練，結果不良行為再減至一天只有一次。另一項立即實施積極演練的好處是使不良行為受到阻擾，防止了不良行為再度發生的機會。

自我測驗

▲延宕積極演練的時間會：

1. 使效果降低。　是□　否□

2. 使錯誤有再度發生的機會。　是□　否□

3. 能幫助孩子了解為何要練習正確的行為。　是□　否□

上述一、二題答案為「是」，第三題答案為「否」。

當父母不方便立即實施積極演練時

有時，對父母及教師而言，立即實施積極演練確有極大之不便處。也許父母與教師當時有事或孩子在當時亦無法實施積極演練。

下列數例就會造成立即實施的不便利：

1. 當孩子離家去趕搭校車時發生了不良行為。

2. 快要下課了，老師在一個三、四十個人的班級中交代回家作業，發現有一個學生欺負另一個個子較小的學生。

3. 當啟智班的老師正帶著一群學生由一間教室走到對面另一間教室時，發現一個學生正在挖鼻孔。

如果有上述情形，最好能愈快實施積極演練愈好，就像前述老師利用下課時間來實施積極演練舉手行為一般。

 自我測驗

▲在下列例子中，我們應在何時給予孩子積極演練的機會？

1. 當孩子離家去趕搭校車時發生了不良行為。

2. 當老師在大班級課堂上交代家庭作業時，有一個學生正在欺負另一個學生。

3. 當老師帶領一群智能障礙的學生走向另一間教室時，看見其中一個學生正在挖鼻孔。

在上述例子中，老師也許沒有充分的時間來實施積極演練技巧，但是如果能提供一次簡短的練習，不但可阻擾不良行為的持續性，亦可讓孩子馬上嚐到表現不良行為的後果。例如：看到學生在挖鼻孔時，老師可要求學生用手帕擤鼻子一次，等到達目的地後再要學生多演練幾次正確的行為。

▲你如何在下列極短的時間內立即實施積極演練：

1. 在快下課前，老師看到學生的吵鬧行為？

2. 父母發現孩子在趕校車上學前亂丟垃圾在地上？

假如你認為只要先做一次簡短的正確行為演練，那就對了！

對父母或教師的方便性

因為在積極演練過程中需要父母的督導，所以父母或老師需另在方便的

時間內安排演練的機會。既然我們知道立即實施積極演練有時會打斷父母或老師的講課、領隊、出家庭作業、打電話、或其他活動的進行；同樣的對學生而言，立即演練也會干擾他們必要活動的進行，如趕搭公車、做作業、做家事等等。

安排積極演練的時間

上述問題的解決之道是：僅需立即給予一次簡短的演練，以便及時阻擾或矯正不良行為的發生，過後則需提供大量練習的機會。至於時間的安排，需配合教師或父母方便的時刻，同時亦要不影響孩子學習活動的進行。

對老師而言較適宜的時間

- 早讀時。
- 放學後。
- 下課休息時。
- 其他同學寫作業時。
- 自習時。

▲你是否還能舉出一些老師方便的時間？＿＿＿＿＿＿＿＿＿＿＿＿＿＿＿＿

對父母而言較方便於督導的時間

- 晚餐後。
- 晚餐後且碗碟皆已洗好。
- 星期六上午或下午。

- 星期日上午或下午。

- 打完電話後。

- 做完家事後。

- 父母下班後。

▲試著再舉一些對父母方便的時間：_____

_____

孩子的時間安排

要選擇一個對孩子學習產生最少干擾的時間，最好是在休閒或從事娛樂活動時實施，例如：

- 看電視時。

- 玩玩具時。

- 與朋友打球時。

- 躺在床上休息時。

- 「無所事事時」。

▲試著再舉一些對你的孩子最少干擾而對你最方便的時間：

_____

_____

 # 對正確反應的讚賞

積極演練過程中給予的讚賞

當孩子在進行積極演練時，一定要注意給予他們鼓勵與讚賞的次數是否妥當。如果父母給予子女過多的讚賞與食物酬賞，子女可能會因想獲得這些而故意產生不良行為。

例一：如廁訓練

民雄的媽媽欲用積極演練技巧訓練民雄自行如廁。每次只要民雄有尿褲子的行為出現，媽媽一定要他從尿尿的地方跑到廁所，在廁所內脫下褲子坐在馬桶上一會兒，再穿好跑回原位，這樣來回練習三十次。每練習一次後，媽媽會給民雄一杯飲料，稱讚他並抱抱他，而民雄的尿褲子行為仍持續存在。但當讚美、食物、及擁抱都去除之後，民雄的尿褲子行為立即停止了。顯然地，增強物的運用反而造成了民雄故意尿褲子的行為。

在整個積極演練過程中，我們不能把回饋完全去除掉，因為孩子會不知道他的演練是否正確，所以我們要遵循的回饋原則是：在積極演練過程中僅需給予簡單的回饋，而不必給予過多的稱讚與酬賞。用很自然的態度告訴孩子他做的完全正確或有哪些地方需要改進就足夠了。

下面這個矯正進食的例子，說明了在積極演練過程中適當給予讚賞的時機與份量。

例二：適當的進食行為

這是一所重度及極重度智能障礙教養機構已實施過的一項適當的進食訓練方案。機構人員要學童們達成的目標包括：單手拿杯子，而用另一隻手去拿食物或放在膝蓋上，要他們用刀叉而非雙手抓食物；使用適當的餐具進食；在口中食物已嚥食完畢後再吃另一塊食物；緊緊抓住餐具，不致讓食物外溢；把餐巾放在膝上；如果吃到嘴巴外或衣服上要擦乾淨。

當方案結束後，雖然大部分的院童都已能適當進食，但仍有數位學童有錯誤發生。為了要確定學童是否已能自動自發地正確進食，訓練人員在每次進餐時會來回巡視，輕輕拍拍能正確進食學童的肩膀並稱讚他們。

當訓練人員發現有院童犯錯時，會立即要求院童演練正確的進食行為，且以避免過多稱讚的方式來回饋他們的演練，俾使院童不致以故意犯錯製造演練機會來獲取讚賞。

當院童用雙手舉杯喝牛奶時，訓練人員會告訴學童這是不對的，並要學童演練數次單手舉杯放在口旁的動作，口頭指令相當簡捷，僅需說：「拿起杯子靠近嘴巴」及「對了！」就夠了，不必用其他的酬賞。在每次演練過後，再重複一次所有的口頭指令，千萬不要讓孩子在每次演練時喝杯內的牛奶，只需用單手舉杯靠近嘴巴即可，否則孩童可能會因為想喝牛奶而故意犯錯。

同樣地，假如錯誤是發生在食物外溢方面，也要學童練習數次用湯匙盛物靠近嘴旁的動作，口頭指令亦僅需說：「舀一點點」、「對了！」「再做一次」，不必給予其他稱讚與撫慰。

 自我測驗

▲當學童因舀過多的食物致使食物溢於湯匙外時，訓練人員會如何運用積極演練技巧？

_____

_____

1. 訓練人員是否需指出這是錯誤的行為？　是 □　否 □

2. 當訓練人員巡視進餐情形時，發現一位學童看見食物快外溢時，立即放回去，重新再舀進適量的食物，他是否需給予稱讚？　是 □　否 □

3. 在演練過程中，當學童只舀了一點點食物時，訓練人員是否應輕拍或稱讚學童？　是 □　否 □

4. 在積極演練行為的過程中，訓練人員是否需因孩童的一次正確反應而給予額外的酬賞或點心？　是 □　否 □

上述一至三題的答案是「是」，第四題則是「否」。

對自發性正確行為的讚賞

前述的一些例子中闡明了一項使用積極演練技巧的重要原則：那就是當未施行積極演練技巧前，要對孩子自發性的正確行為給予讚賞。例如當父母或教師決定針對孩子不寫家庭作業行為做積極演練時，他們必須對孩子偶爾自動自發地寫完功課行為給予增強。

 自我測驗：偷竊行為

▲在要孩子演練與他人分享或償還失物給失主以代替其偷竊行為之前，必須對他自發的哪些行為表示讚許？

_____

_____

 自我測驗：罵人行為

當孩子有責罵、侮辱與批評同學的行為，而教師或父母想用演練稱讚與欣賞他人的行為來代替之前，他們必須在每次孩子自動自發地表現正確行為時立即給予讚賞。

▲請舉例說明父母和老師會用言詞來加以讚賞的具體行為，包括：

1. 幫助他人。

2. 儀容整潔。

3. 適當的餐桌禮儀。

4. 分享物品。

5. _____

6. _____

7. _____

8. _____

9. _____

10. _____

　　如果能對孩子自發性的正確行為給予適當的增強,也許積極演練對某些孩子就不再需要了。

範例:自我刺激行為

　　積極演練技巧常被用來去除一些教養機構重度智能障礙孩子無法控制的自我刺激行為,包括:搖擺身體、搖頭晃腦、摸鼻子、和自傷性行為等。在積極演練的要求下,這些孩子必須要維持身體、頭、手等各部分長期端正不動,只有在正常狀況需要時才可以移動身體的各部分。

　　在實施學生在正常狀況下才可移動的積極演練之前,指導者必須開始持續地對學生正常搖擺行為給予增強,這樣可以先減低學生這些奇特、自我刺激行為的出現率,甚至有部分學生會因此而不再出現這些行為。頻繁地稱讚與酬賞自發性的正確行為,可以減少需積極演練的次數與時間。

　　請自行完成下述兩個在實施積極演練時,應如何配合讚賞自發性正確行為的練習。

22

 自我測驗:洗手行為

▲一位母親用積極演練技巧來改正孩子餐前洗手行為。有一次孩子自己在餐前洗了一次手,這位母親在此時該如何做或說些什麼?

_____

_____

 自我測驗：吼叫行為

▲一位老師要班上一位愛大聲吼叫的學生演練說話小聲的行為。在演練過後一小時左右，老師注意到這位學生已能小聲對另一同學說話，以避免干擾班上其他同學。此時老師應做及說些什麼？

_____

_____

向孩子解說積極演練技巧時的態度

在實施積極演練方案之前，要向孩子解釋怎樣才是正確的反應、為什麼希望他有這種反應、以及會有哪些結果。對重度智障者可能還需用手勢指導俾便於理解，所以解釋或示範一次是必要的，不但可使學生在積極演練過程中更合作及順從，而且不致有反抗心理。解釋的最佳時刻是在實施積極演練的前一天，這樣可以讓孩子有充裕的時間能自動自發地改善他的行為。

可用來增進與幼童合作關係的一項方法，是向他們解釋積極演練是一種遊戲，譬如：「看看我」遊戲或「練習才會完美」遊戲等，同時需示範解說給他們看，還應讓他們在錯誤尚未發生前先演練數次正確行為，如此當錯誤真正發生時幼童也會較易合作。

 自我測驗

▲如果你想要用積極演練技巧來改正學童寫錯字的行為，你會如何向他們解說你的理由？

_____

_____

孩子不願意積極演練時的處理

假如孩子拒絕做積極演練，可能是因為這種技巧被誤認為是一種處罰。積極演練與懲罰是截然不同的。或許因為積極演練需花費較多的心力與時間，才讓孩童有被懲罰之感。為避免此種誤解，父母及教師尤需特別注意懲罰與積極演練之重要差異。

積極演練與懲罰的區別

1. 實施積極演練前，要在父母及孩子都很愉快的心情下向孩子解釋實施的原因，而且至少需在實施的一天之前。

2. 在運用積極演練技巧來改正嚴重或持續性的問題行為時，必須先建立起運用此技巧的常規，讓學生能習慣使用此種技巧。

3. 需用平靜、沉穩的聲調與態度來實施，千萬不要生氣，以免讓孩子有受罰之感。

4. 需詳細解說及示範正確演練的各步驟，否則孩子可能不會做。

5. 尤其對不具口語能力或智能障礙的孩子，需給予一些動作手勢之協助以增進了解。即使對有口語能力的孩子，動作手勢之輔助也能增進孩子了解如何演練正確行為。

6. 讓孩子理解父母要他積極演練正確反應是具有教育性的意圖，而採用要孩子去寫功課或不給他零用錢的行為，則孩子可能會有被處罰之感。

7. 當孩子表現出正確行為時，要給予回饋。同時要記住，無論何時只要孩子有自發性的正確行為出現，一定要稱讚他。

積極演練是指去除生氣、懲罰、批評、嘲笑等一些不好情緒，而代之以強調正面、理性的行動以處理現在及未來行為，俾避免問題產生的一種技巧。

① 大人說破了嘴仍然無效，孩子大過不犯小錯不斷，怎麼辦？

 自發性的積極演練

　　當孩子的不良行為係故犯型時，通常他會較不情願實施積極演練技巧，但是對有改正意願的年長學童或成年人，這種演練通常可變成自發性的。由前述尿床男孩自願練習起床行為，以防止尿床行為再度發生的實例即可理解。自發性的積極演練通常適用於不良行為源自缺乏充分練習機會的較大孩子或成年人。

 自我測驗：口吃行為

在口吃訓練方案中，有一名專科學生王明仁因在班級研討中有困難而來尋求協助。訓練人員要他在口吃發生後立即積極演練兩分鐘左右的順暢呼吸技巧。他們教他如何正確地呼吸，而且要他在上課時練習。無論何時只要明仁有口吃現象出現時，立即要他停止說話，重新調整呼吸達兩分鐘之久，然後再繼續說下去。在一週後，口吃的出現率降低為 2%，一個月之後，口吃的情形幾乎完全消失了。

▲明仁是否有動機要改正他自己的問題？

_____

_____

▲他的動機為何？

_____

_____

▲積極演練的時間長短是否有確實敘明？

_____

▲是多少時間？_____

▲此項積極演練是自發性的嗎？

_____

▲當明仁有口吃現象時，立即要他調整呼吸，這樣是否干擾了他的口吃現象？

_____

_____

_____

　　正確的答案是明仁有強烈的動機要消除會干擾他學習的口吃行為，所以是自發性的積極演練。口吃現象會立即被干擾且會演練兩分鐘的時間。

自我測驗：頭部痙攣行為

莊太太常為自己緊張時會把頭側到一邊的痙攣行為感到不好意思。她學到了控制之道是必須拉緊自己頸部的肌肉。

▲你如何教導她運用積極演練技巧改正她的頭部痙攣行為？請具體地說明：你認為她要演練的正確行為為何？

_____

什麼是她實施演練的適當時機？

_____

演練的時間需多長？_____
這是否是一項自發性積極演練的實例？

_____

_____

　　正確的答案是在痙攣發作時，莊太太應做兩分鐘左右的拉緊頸部肌肉運動。因她是成年人，所以此係自發性的演練行為。正因她要改正此項行為的動機非常強烈，所以在指導她進行矯正時並無絲毫困難。

_____

▲你能否由你的經驗中敘述另一項應用積極演練矯正行為的實例？

_____

_____

_____

記錄

　　行為記錄可協助評鑑積極演練的有效與否，同時亦可提供討論與回饋的資料。

　　記錄應在開始施行積極演練技巧的數天前開始，以提供未訓練前的行為情況。一般而言，最好能在一週前即開始記錄。

　　下頁是一個標準記錄範例，例子中的孩子有欺負妹妹的行為。積極演練的行為是要他保證一定要協助與稱讚自己的妹妹。

記錄範例

日期	不良行為次數		說明
1月4日	丗 ‖	7	每次吵架時我責備他。
1月5日	‖	2	在一次意外事件後,他爸爸打了他。
1月6日	‖‖	3	我試著「忽視」他的行為,但做不到。
1月7日	丗	5	仍試著用「忽視」,最後叫他回房間。
1月8日	‖	2	妹妹有同學來,在家玩了一整天。
1月9日	丗 ‖	6	我太忙了沒空去拉開他們,只向他吼叫。
1月10日	‖‖	3	早上向他解說了施行積極演練的程序。

開始實施積極演練

日期	不良行為次數		說明
1月11日	‖	2	第一次他對演練持無所謂態度,但卻在意錯過了看電視的時間;第二次他堅持不是他的錯,但在我堅持之後仍然做了演練。
1月12日	│	1	雖然很合作卻不喜歡演練。一小時後,他協助妹妹練習長笛,我稱讚了他並給他們兩人各一個冰淇淋。
1月13日		0	不打也不跟妹妹玩,忽視妹妹的存在。
1月14日		0	他們一起去逛街而且沒打架,我告訴他我以他為傲(他妹妹也跟他說同樣的話),而且帶他們兩人去看電影。
1月15日		0	相處得很好,一起看電視。
1月16日		0	讓妹妹跟他的朋友一起玩,我拿薯條給他們吃。
1月17日		0	妹妹幫他一起準備生日。
1月18日	│	1	發生了一次爭吵,我只要他做了一次大約一分鐘左右的簡短演練,因為這是意外事件。
1月19日		0	仍然一起玩,未發生爭吵。
1月20日		0	我買了一副西洋棋給他們以酬賞他們的和諧相處。

　　這項記錄表包含了日期欄，沒有不良行為發生的日期仍需列出來；第二欄為劃記欄，每次不良行為之後即需劃記；第三欄記錄每天該項不良行為發生的總次數；最後一欄為說明欄，記錄一些孩子的進步情形以便與諮商員討論或了解自己的實施情形。至於三條橫線是指積極演練是在 1 月 11 日開始實施的。

 實地練習積極演練技巧

用於一般人

▲根據你自己的經驗，敘述一項某人運用積極演練技巧的情況：

_____

_____

▲根據你的經驗，描述一項你覺得應該使用積極演練技巧的狀況：

_____

_____

▲就你關懷過的孩子當中，想想你會如何用積極演練技巧來改正他們的行為。

1. 孩子的姓名：_____

　　問題行為描述：_____

　　_____

　　正確的演練行為：_____

　　_____

　　積極演練的實施步驟：_____

　　_____

2. 孩子的姓名：_____

　　問題行為描述：_____

正確的演練行為：_____

積極演練的實施步驟：_____

用於自己的孩子

▲在下列空白內，陳述你會如何運用積極演練技巧來改正你孩子的問題行為。

孩子的姓名：_____

問題行為描述：_____

正確的演練行為：_____

演練的次數：_____

演練的時間長度（分鐘）：_____

何時開始實施積極演練技巧：_____

你會在多久前向孩子解釋這項技巧的實施：_____

解釋的時間：_____

解釋的地點：_____

當有正確行為自然發生時，你會酬賞他嗎？　會 □　不會 □

你如何酬賞？_____

你會從何時（日期）開始觀察並對自發性正確行為給予酬賞？_____

在積極演練過程中，是否會給予酬賞與稱讚？　是☐　否☐

是否會給予回饋？　是☐　否☐

那麼你會說些什麼？_____

_____

如果在不良行為發生的當時不方便實施積極演練，你是否會至少做一次的練習？　是☐　否☐

你會在之後的哪段方便時間內，再繼續實施未做完的演練？_____

_____

▲請準備一張記錄紙開始記下不良行為的發生情形。如果你願意，可用下表，否則可用任何有畫線的紙張。

記錄表

日期	不良行為次數	說明

▲描述你用積極演練的成效。

不良行為是否減少了？_____

孩子是否對演練感到不耐煩？_____

_____

孩子能否正確演練適當的行為？_____

_____

孩子是否已能隨時隨地自動表現出正確的行為？_____

_____

略述之：_____

_____

▲如果繼續使用積極演練技巧，你還要改變些什麼？

_____

_____

▲請描述在實施過程中，孩子在行為上有何特殊且值得一提的事：

_____

_____

第二部分 「自我矯正」與「過度矯正」之技巧

 自我矯正和過度矯正導論

對自己的行為負責

　　自我矯正和過度矯正的基本原則是當我們的行為造成他人的煩惱或引起爭執時，當事人本身就應負起責任。這時我們可藉著改變情境而減輕他人的憤怒；也可藉著過度矯正而非單純矯正的方式向受害者表示歉意，並顯示我們有挽救的決心。

過多的協助

　　造成孩子不負責任行為的主要原因是父母凡事都想幫孩子處理。嬰孩時期固然需要父母親照料一切事物，但是隨著孩子的成長，如果父母親還不肯放手讓孩子學習對自己的行為負責任，那他們將永遠學不會什麼叫負責盡職。自我矯正與過度矯正即可重新培養這種責任感。

當指責產生不了作用時

　　另一個造成孩子違規犯錯行為的原因是，大人只會用批評指責的態度或給予很差的成績等方式來處理，但是有些人對這兩種方式都無動於衷；相反的，由於自我矯正與過度矯正要花去犯錯者許多時間與心力，如此無形中亦讓這些人未來做事更小心，而且所花的時間心力和將來的成效一定成正比。這就是為什麼過度矯正比單純矯正更有效的原因。

使用過度矯正的長遠好處

我們要知道，另一種時間的因素也許是造成孩子不負責任行為的原因之一。例如，當小孩忘記把玩具歸位時，做母親的或許認為她自己去收拾，要比要求小孩將玩具收拾好來得省時些。以單一事件來說，也許這次時間是節省下來，但從長遠的角度看，如果這位母親使小孩學會負責的態度和自我矯正，將來替她節省的時間也許更多。

因為母親既然把玩具拿走了，小孩就沒有動手收拾的動機；長此以往，小孩變得愈來愈不負責任，大人也跟著更加生氣。其實聰明的母親只要在每件事情剛開始時，花幾分鐘時間督促孩子養成自我矯正的態度，往後就可為自己節省更多時間。

以建設性的反應代替生氣或罪惡感

當小孩拿了別人的東西或是弄壞別人的物品時，大人的指責和懲罰也許會使他內咎，但是那個物品卻不會因此恢復舊觀；而如果我們使用自我矯正法，卻可使小孩自動地物歸原主、賠償等值的東西、或修理損壞的部分。這麼一來，大人及受害者就不必生氣或處罰孩子，而小孩也就不會有罪惡感了。

自我矯正和過度矯正提供了建設性的反應取代處罰和罪惡感。

 自我矯正和過度矯正的實例

針對幼兒的自我矯正和過度矯正法

冬冬今年四歲，他很好動，也常常將自己的東西東漏西忘的，最令人氣結的是凡是他行經之處總有些紀念物留下。例如他會讓房門大開，把外套隨手扔在沙發上，客廳裡有他的運動鞋，而棒球和球棒更是玩完了就丟在大廳裡，完全無視大人對他的提醒、警告和懲罰。他媽媽每天就跟在他後面替他收拾這收拾那的，根本沒有時間做其他的事，因此對冬冬的行為感到非常的頭痛。

於是她和先生商量，決定使用自我矯正和過度矯正法。他們告訴冬冬以後不再跟在他屁股後面替他收拾東西，而且只要一發現他又亂丟東西，不管當時他正在做什麼，都必須停下來把東西放妥歸位才能繼續下去。不只這樣，當時只要家中任何一樣東西位置不對，他就必須使它歸位直到爸媽滿意為止。冬冬的父母跟他詳細說明這些新規定後，他們還示範表演了一次，直到冬冬完全明白為止。

連著兩天冬冬都表現良好，周圍的一切都是乾淨整齊的，但到了第三天，因為他趕著看一個電視節目，於是又忘了把房門關好，衣服和玩具又散了一地。冬冬的媽媽當場把電視關掉，然後要他把門關好並且將東西收拾好；接著還要他清理客廳和整理沙發墊。冬冬的媽媽這回沒有用罵的，也沒有用威脅警告的口氣。因為冬冬的動作太慢，結果他想看的那個電視節目，只看到最後的五分鐘。

第四天他又忘了關門，可是這回他在媽媽發覺前就趕快去把它關好。從此以後，冬冬就很少再要別人提醒他做事情，而且每次他收拾完畢都會叫媽媽來看看他的工作成果。

學校中使用的自我矯正與過度矯正法

曼華是個四年級的學生，她經常因為無法按時繳交作業而成績低落。在她連續兩個月一直沒有改善遲交作業的情形之後，曼華的老師告訴她，如果她再不按時完成回家功課，那麼下課時間她就必須待在教室裡，而且必要時還要請她放學後多留十五分鐘來寫功課。另外，她還必須完成同一單元的額外作業，這就是過度矯正的方法，老師與曼華詳細討論細則並且回答她所有的問題，直到她同意新規則是公平合理的，而且她會遵守。為了確定曼華是否了解新規定，老師還問她有關約定的細節問題。

在經歷兩天沒有課餘時間及放學後被留下來的經驗後，曼華開始準時交作業。曼華的習慣養成，媽媽也是功臣之一，因為老師在跟媽媽聯絡過後，媽媽在家裡也利用過度矯正法，使曼華在晚飯後就開始做功課而不拖延到睡覺前。

針對配偶的自我矯正與過度矯正法

　　林太太很怕和她先生一起去赴宴，因為林先生常常在宴會中只顧和別人交談而將她冷落在一旁，他們經常為此事爭吵。於是林太太建議在自我矯正和過度矯正的步驟下，每當林太太發出事先約好的信號時，林先生要自我矯正，過來陪伴在她身邊至少十分鐘，或是直到她能自在地與別人交談為止。（若使用過度矯正法，林先生建議他還要介紹她認識與他交談的朋友，並藉著詢問她的意見讓她加入聊天。）他們討論施行的細節問題，直到雙方都覺得合理、公平。不久之後，林太太在宴會中再也不覺得不自在，而且因受到冷落而產生的爭吵也停止了。後來林先生還要太太也遵守約定，當他在聚會中覺得被冷落時，他太太也如法炮製來陪他。

　　上面所提到的事件和例子，使我們了解自我矯正和過度矯正法不僅可以減少不良行為，還可改善被不良行為破壞的情境。接下來我們要更詳細分析過度矯正的原理原則，及利用它處理不同問題的態度。

 過度矯正的定義

　　過度矯正可以說是：

- 塑造一個比錯誤或困擾產生前更好的情境的一種方式。

- 使困擾的情境消失並有所改進，讓改善後的情境變得比困擾產生之前還要更好。

- 藉額外加倍的心力彌補某人損失。

- 以立即行動的方式表示闖禍者無意傷害他人或造成對方的不便。

▲試著用自己的話寫下過度矯正是什麼及它可達到的目標。

過度矯正：_____

_____

過度矯正可達到的目標：_____

_____

▲根據你自身的經驗，描述某人使用過度矯正法的情形：

_____

_____

▲根據你的經驗，寫出一種該使用過度矯正，結果卻沒使用的情形：

_____

_____

_____

 針對違規行為實施矯正

　　在使用過度矯正時，我們要注意什麼類型的錯誤應使用何種過度矯正，否則矯正就和處罰沒什麼兩樣了。小孩犯錯後，如果大人揍他、罵他、不給他好臉色看，或是剝奪他的權利，這些懲罰最多只能讓孩子知道他做錯事，但卻仍未學到究竟該怎麼做才對。試就以下問題情境判斷那種處置是過度矯正還是懲罰。

37

▲孩子過了睡覺時間一小時還不睡，父母的反應是：

1. 因不聽話而責罵他。

　　處罰 □　　過度矯正 □

2. 不准他第二天去看電影。

    處罰 □　過度矯正 □

3. 要他第二天晚上提早一個半小時就寢。

    處罰 □　過度矯正 □

4. 揍他。

    處罰 □　過度矯正 □

　　如果你選第三題為過度矯正，你就答對了。第一、二和四題的答案都是處罰。

　　下面是一些過度矯正的範例：

問題	範例
1. 孩子吃東西時，因為湯匙裝得太滿而打翻湯匙裡的食物。	1. (1) 小孩自己清理打翻的東西。 (2) 小孩繼續進食完，但只能用四分之一滿的湯匙慢慢地吃。
2. 孩子把借來的東西弄丟了。	2. (1) 要他花一小時去尋找失物。 (2) 以另一價值相等的物品還給失主。
3. 駕駛員超速駕駛。	3. 駕駛員必須接受罰款、重考駕照、或重新去上駕駛課。
4. 父母發現小孩從店裡偷東西。	4. 歸還該項物品，並且從他的零用金中提出額外的數目作為賠償。
5. 孩子在學校欺負弱小的同學。	5. 要求他一星期之內每天替五位同學服務，並且要向老師報告。
6. 孩子給妹妹取難聽的綽號。	6. (1) 母親要求他讚美妹妹的外表和行為。 (2) 母親要求他向妹妹道歉並說些令人愉悅的事情直到她不難過為止。

 ## 運用自我矯正和過度矯正的練習

從下面的練習題中選擇一個或更多個練習做做看：

 練習一：當孩童灑落食物時應用的自我矯正或過度矯正法

▲每一個小孩偶爾都會把東西灑出器皿，或者不小心沒拿穩而將牛奶或食物掉在地上而弄髒了地板。如果孩子還小，通常父母就自己清乾淨。但等孩子稍大，你不妨用下列的程序來處理：

1. 在事情尚未發生前跟小孩約法三章，如果東西掉到地上必須自己清理。

2. 假裝你把食物打翻，然後你馬上自動清理，同時邊示範邊講。

3. 讓小孩假裝他不小心把東西弄翻，然後要他動手清理。必要時，父母可抓著他的手示範做一、兩次。

4. 下次小孩把東西弄翻時，先等五秒鐘看他是否不需提醒就會自動清理乾淨。

5. 如果他沒有開始動手，就提醒他去做。但是不要指責他或者顯示生氣的樣子。

6. 如果清理的工作很困難，提供必要的協助，如抓著他的手示範說：「來，我告訴你怎麼做」，但是不要幫他做。要求他至少完成一部分的清理工作。

7. 清理完畢後要誇獎他。

8. 依此類推，要小孩整理房間裡其他的東西，這步驟即是過度矯正。

9. 每做完一項整潔工作就給予讚許。

▲請寫下事情經過情形：＿＿＿＿＿＿＿＿＿＿＿＿＿＿＿＿＿

＿＿＿＿＿＿＿＿＿＿＿＿＿＿＿＿＿＿＿＿＿＿＿＿＿＿＿＿

當孩子把食物灑落時你很生氣嗎？　是☐　否☐
等孩子清理完食物後你會生氣嗎？　是☐　否☐
你是否覺得自己動手清理要更簡便些？　是☐　否☐
當他在清理時，你是否很想動手幫他做？　是☐　否☐
他是否因不會被責罵或處罰而鬆了一口氣？　是☐　否☐
他有沒有說「以後做事會更加小心」之類的話？　是☐　否☐
如果有，他怎麼說？＿＿＿＿＿＿＿＿＿＿＿＿＿＿＿＿＿＿
如果沒有，你覺得以後他的行為會如何？＿＿＿＿＿＿＿＿＿

＿＿＿＿＿＿＿＿＿＿＿＿＿＿＿＿＿＿＿＿＿＿＿＿＿＿＿＿

就像前面所說的，對孩子違規行為的處理，用過度矯正要比傳統的處罰方式更具積極性及建設性。而且這種補救的處理措施會使大人的情緒反應由憤怒轉變為滿意；同樣的，犯錯者的心情也會由罪惡感轉變到如釋重負。

練習二：因無意中冒犯了別人而強制自己做的過度矯正

想一個你深愛而不願冒犯的人。下一次當你因為說了、做了或忘了做某事而觸犯了他，馬上就用過度矯正法，而且你必須選擇一種你立刻就能做的方式。

▲請寫下事情經過情形：＿＿＿＿＿＿＿＿＿＿＿＿＿＿＿＿

＿＿＿＿＿＿＿＿＿＿＿＿＿＿＿＿＿＿＿＿＿＿＿＿＿＿＿＿

＿＿＿＿＿＿＿＿＿＿＿＿＿＿＿＿＿＿＿＿＿＿＿＿＿＿＿＿

＿＿＿＿＿＿＿＿＿＿＿＿＿＿＿＿＿＿＿＿＿＿＿＿＿＿＿＿

那個人在你提出過度矯正法後是否仍然生氣？　是☐　否☐

那個人在你使用這個方式時還生氣嗎？　是☐　否☐

等你做完過度矯正後，你還會生自己的氣嗎？　是☐　否☐

起初那個人是否拒絕你提出的自我矯正方式？　是☐　否☐

無論他是否拒絕，你是否都照樣做你的過度矯正？　是☐　否☐

起初你是否會為自己莽撞的行為辯解？　是☐　否☐

你是否立刻實行過度矯正？　是☐　否☐

練習三：對國家或社會中所發生的事提出過度矯正的建議

報紙上常有一些傷害或侵擾他人的犯罪行為或事件的報導。請從最近的新聞事件中選出三個可用過度矯正法來處理的範例。每一個例子請寫出：(1)事情的真象；(2)被判或可能被判的刑罰；(3)適用於該案例的單純矯正方式；以及(4)適用的過度矯正方式。

1 大人說破了嘴仍然無效，孩子大過不犯小錯不斷，怎麼辦？

社會新聞一

1. 描寫該案例或犯罪行為：＿＿＿＿＿＿＿＿＿＿＿＿＿＿＿
＿＿＿＿＿＿＿＿＿＿＿＿＿＿＿＿＿＿＿＿＿＿＿＿＿＿＿＿＿

2. 被判或可能被判的刑罰：＿＿＿＿＿＿＿＿＿＿＿＿＿＿＿＿
＿＿＿＿＿＿＿＿＿＿＿＿＿＿＿＿＿＿＿＿＿＿＿＿＿＿＿＿＿

3. 適用於該案例的單純自我矯正方式：＿＿＿＿＿＿＿＿＿＿＿
＿＿＿＿＿＿＿＿＿＿＿＿＿＿＿＿＿＿＿＿＿＿＿＿＿＿＿＿＿

4. 適用的過度矯正方式：＿＿＿＿＿＿＿＿＿＿＿＿＿＿＿＿＿
＿＿＿＿＿＿＿＿＿＿＿＿＿＿＿＿＿＿＿＿＿＿＿＿＿＿＿＿＿

社會新聞二

1. 描寫該案例或犯罪行為：＿＿＿＿＿＿＿＿＿＿＿＿＿＿＿
＿＿＿＿＿＿＿＿＿＿＿＿＿＿＿＿＿＿＿＿＿＿＿＿＿＿＿＿＿

2. 被判或可能被判的刑罰：＿＿＿＿＿＿＿＿＿＿＿＿＿＿＿＿
＿＿＿＿＿＿＿＿＿＿＿＿＿＿＿＿＿＿＿＿＿＿＿＿＿＿＿＿＿

3. 適用於該案例的單純自我矯正方式：＿＿＿＿＿＿＿＿＿＿＿
＿＿＿＿＿＿＿＿＿＿＿＿＿＿＿＿＿＿＿＿＿＿＿＿＿＿＿＿＿

4. 適用的過度矯正方式：＿＿＿＿＿＿＿＿＿＿＿＿＿＿＿＿＿
＿＿＿＿＿＿＿＿＿＿＿＿＿＿＿＿＿＿＿＿＿＿＿＿＿＿＿＿＿

社會新聞三

1. 描寫該案例或犯罪行為：＿＿＿＿＿＿＿＿＿＿＿＿＿＿＿
＿＿＿＿＿＿＿＿＿＿＿＿＿＿＿＿＿＿＿＿＿＿＿＿＿＿＿＿＿

2. 被判或可能被判的刑罰：＿＿＿＿＿＿＿＿＿＿＿＿＿＿＿＿
＿＿＿＿＿＿＿＿＿＿＿＿＿＿＿＿＿＿＿＿＿＿＿＿＿＿＿＿＿

3. 適用於該案例的單純自我矯正方式：＿＿＿＿＿＿＿＿＿＿＿＿＿

＿＿＿＿＿＿＿＿＿＿＿＿＿＿＿＿＿＿＿＿＿＿＿＿＿＿＿＿＿＿＿＿

4. 適用的過度矯正方式：＿＿＿＿＿＿＿＿＿＿＿＿＿＿＿＿＿＿＿＿＿

＿＿＿＿＿＿＿＿＿＿＿＿＿＿＿＿＿＿＿＿＿＿＿＿＿＿＿＿＿＿＿＿

 ## 單純矯正與過度矯正的比較

　　單純矯正是指只有改正問題的情境，而過度矯正是指除了單純矯正達到的效果外，它還可使得改善後的情境比原來的更好。舉例來說，假設你不小心在宴會中打破了一個花瓶，如果用單純矯正的態度，你大概會將一個相類似的花瓶擺回原位；但是如果你採用過度矯正的話，你就會買一個比原來你打破的那個更好的花瓶來還給主人。

　　在下列的範例情境中，請寫出什麼樣的行為是單純的自我矯正？何種舉動又屬於過度矯正？

某一位實行減肥計畫的婦人，要求自己在一星期內不准吃甜食。她已經成功了五天，但到了第六天她吃了一塊乳酪餅乾，而那會使當天所訂的標準營養量增加一百卡路里。

▲她可能會採用的單純矯正法：＿＿＿＿＿＿＿＿＿＿＿＿＿＿＿＿

＿＿＿＿＿＿＿＿＿＿＿＿＿＿＿＿＿＿＿＿＿＿＿＿＿＿＿＿＿＿＿＿

▲她可能會採用的過度矯正法：＿＿＿＿＿＿＿＿＿＿＿＿＿＿＿＿

＿＿＿＿＿＿＿＿＿＿＿＿＿＿＿＿＿＿＿＿＿＿＿＿＿＿＿＿＿＿＿＿

　　正確答案是：用單純矯正法，她應該在第二天吃低於減肥餐一百卡路里的食物。而用過度矯正法，則她必須連續兩天吃低於減肥餐一百卡路里的食

物，或第二天吃比一百卡路里更少的食物。

媽媽要小孩放學後到雜貨店去買一瓶牛奶，可是他卻忘了母親交代的這件事。他的媽媽需要牛奶來烹調一道特別的菜餚。

▲她可能會採用的單純矯正法：＿＿＿＿＿＿＿＿＿＿＿＿＿＿＿＿＿

＿＿＿＿＿＿＿＿＿＿＿＿＿＿＿＿＿＿＿＿＿＿＿＿＿＿＿＿＿＿＿

▲她可能會採用的過度矯正法：＿＿＿＿＿＿＿＿＿＿＿＿＿＿＿＿

＿＿＿＿＿＿＿＿＿＿＿＿＿＿＿＿＿＿＿＿＿＿＿＿＿＿＿＿＿＿＿

　　正確的答案是：要小孩去雜貨店買回牛奶是單純矯正法；而過度矯正法是不但去買牛奶，回來後還要幫媽媽做些其他的家事，如擺碗筷、吸地毯、洗碟子等。也可以要求他去同一家雜貨店或另一家雜貨店採買更多的必需用品。

有一個貪睡的小孩，每天到了該起床的時間，總是要賴上十五分鐘，而如果他真的賴成了，當天上學一定遲到十五分鐘。因此他的父母決定給他來個矯正法。

▲他們可能會採用的單純矯正法：＿＿＿＿＿＿＿＿＿＿＿＿＿＿＿＿

＿＿＿＿＿＿＿＿＿＿＿＿＿＿＿＿＿＿＿＿＿＿＿＿＿＿＿＿＿＿＿

▲他們可能會採用的過度矯正法：＿＿＿＿＿＿＿＿＿＿＿＿＿＿＿

＿＿＿＿＿＿＿＿＿＿＿＿＿＿＿＿＿＿＿＿＿＿＿＿＿＿＿＿＿＿＿

43

　　母親可能用一種簡易的矯正方法，就是要小孩第二天提早十五分鐘起床。而過度矯正法卻是要求他提早三十分鐘起床或是晚上早一點睡覺。

　　通常當問題並不很嚴重，或該項行為並不經常發生，或只是在無意中犯

下的過失，或者該行為並不會嚴重煩擾別人時，用單純矯正法就夠了。但是如果我們認定該問題是重要的、累犯的、有意的或造成他人嚴重的困擾，那麼就必須使用過度矯正，以期受害者不會再受該問題行為的干擾。例如，如果有一個小孩不管母親再怎麼叮嚀，他老是把衣服丟在客廳裡，而這個壞習慣看來用單純矯正法是不會奏效，因為單純矯正只是讓他停下手邊的活動去收拾衣服而已。如果採用過度矯正的話，他就必須收拾散落在客廳中的其他物品。

在下面的例子中，請你說出到底要用單純矯正或是過度矯正，並且說明理由及可用何種矯正方式來解決問題。

一個小孩故意引起爭端並且把另一位小孩打得流鼻血。老師在詢問事情經過後，認定該生是蓄意傷害，因此要求該生改正此行為。她歸納出問題所在是受害者的身體流血必須妥善處理，並且受害者心理很不舒服。

▲較好的處理方式：單純矯正＿＿＿＿＿＿？或過度矯正＿＿＿＿＿＿？

▲陳述你的理由：＿＿＿

▲就單純自我矯正方式而言，你可能會採取何種行為？＿＿＿＿＿＿＿＿＿＿＿＿＿＿＿＿＿＿＿＿＿＿＿＿＿＿＿＿＿＿＿＿＿＿＿

因為這個小孩的行為是故意的，所以採用過度矯正是正確的。肇事的小孩必須負責流鼻血者的治療，且要再三保證不再傷害他，並且還要做一些特別的事來補償傷者。

小孩在離開房間後忘了隨手關燈。父母曾再三告誡他為了節省能源，必須隨時注意將不用的燈關掉。這個小孩一向能遵守這個規定，但這次因為太匆忙而忘記了。

1 大人說破了嘴仍然無效，孩子大過不犯小錯不斷，怎麼辦？

▲較好的處理方式：單純矯正＿＿＿＿＿＿＿？或過度矯正＿＿＿＿＿＿＿？

▲陳述你的理由：＿＿＿＿＿＿＿＿＿＿＿＿＿＿＿＿＿＿＿
＿＿＿＿＿＿＿＿＿＿＿＿＿＿＿＿＿＿＿＿＿＿＿＿＿＿＿＿

▲就單純自我矯正方式而言，你可能會採取何種行為？＿＿＿＿＿＿＿
＿＿＿＿＿＿＿＿＿＿＿＿＿＿＿＿＿＿＿＿＿＿＿＿＿＿＿＿

▲若這是習慣性的問題需要過度矯正，你會怎麼做？＿＿＿＿＿＿＿
＿＿＿＿＿＿＿＿＿＿＿＿＿＿＿＿＿＿＿＿＿＿＿＿＿＿＿＿

如果你是建議這個小孩檢查家中所有不用的電燈是否都已關上，就做對了。

某位太太因為先生忘了他們的結婚週年紀念日而傷心欲絕。通常她的先生會買價值 1,500 至 3,000 元的衣服或是首飾給她。當她在那天晚上提醒他的疏忽時，他雖覺得歉疚且開始想一些原諒自己健忘的藉口，但是後來他還是決定要採取一些補償措施。

▲較好的處理方式：單純矯正＿＿＿＿＿＿＿？或過度矯正＿＿＿＿＿＿＿？

▲陳述你的理由：＿＿＿＿＿＿＿＿＿＿＿＿＿＿＿＿＿＿＿
＿＿＿＿＿＿＿＿＿＿＿＿＿＿＿＿＿＿＿＿＿＿＿＿＿＿＿＿

▲就單純自我矯正方式而言，他可能會採取何種行為？＿＿＿＿＿＿＿
＿＿＿＿＿＿＿＿＿＿＿＿＿＿＿＿＿＿＿＿＿＿＿＿＿＿＿＿

▲就過度矯正方式而言，他可能會採取何種行為？＿＿＿＿＿＿＿
＿＿＿＿＿＿＿＿＿＿＿＿＿＿＿＿＿＿＿＿＿＿＿＿＿＿＿＿

▲他所擬的這套計畫是當天晚上就付諸實施比較有效？或是等到第二天？
＿＿＿＿＿＿＿＿＿＿＿＿＿＿＿＿＿＿＿＿＿＿＿＿＿＿＿＿
＿＿＿＿＿＿＿＿＿＿＿＿＿＿＿＿＿＿＿＿＿＿＿＿＿＿＿＿

因為他的太太非常失望，較好的處理方式是採用過度矯正，如果可能的話，他可以於當天晚上補送一份比往年還要貴重的禮物。

某個小孩在學校餐廳裡老是要插隊。老師看到後，決定對他的矯正方式是要站到隊伍的最後面去。事先老師會告訴他，讓他知道這個新規定。

▲較好的處理方式：單純矯正＿＿＿＿＿＿？或過度矯正＿＿＿＿＿＿？

▲陳述你的理由：＿＿＿＿＿＿＿＿＿＿＿＿＿＿＿＿＿＿＿＿＿＿＿＿

＿＿＿＿＿＿＿＿＿＿＿＿＿＿＿＿＿＿＿＿＿＿＿＿＿＿＿＿＿＿＿＿＿

▲就單純自我矯正方式而言，那位老師可能會採取何種行為？＿＿＿＿＿

＿＿＿＿＿＿＿＿＿＿＿＿＿＿＿＿＿＿＿＿＿＿＿＿＿＿＿＿＿＿＿＿＿

▲就過度矯正方式而言，那位老師可能會採取何種行為？＿＿＿＿＿＿＿

＿＿＿＿＿＿＿＿＿＿＿＿＿＿＿＿＿＿＿＿＿＿＿＿＿＿＿＿＿＿＿＿＿

因為這個行為是重複出現，又是故意的，而且引起極大的困擾，較好的處理方式是過度矯正。

單純矯正是站到隊伍的最後面去，過度矯正是要求他等到所有人都拿到餐點後才可以拿。

有一對夫婦到餐廳用餐，可是點菜後等了四十分鐘還沒有上菜的跡象，於是向服務生抱怨。問題是他們點的菜要等較長的時間才會好，而侍者卻沒有告訴他們這點，而且他也忘了先上開胃菜。因為這家餐廳是新開張的，老闆當然不希望給客人留下不好的印象。

▲較好的處理方式：單純矯正＿＿＿＿＿＿？或過度矯正＿＿＿＿＿＿？

▲陳述你的理由：＿＿＿＿＿＿＿＿＿＿＿＿＿＿＿＿＿＿＿＿＿＿＿＿

＿＿＿＿＿＿＿＿＿＿＿＿＿＿＿＿＿＿＿＿＿＿＿＿＿＿＿＿＿＿＿＿＿

❶ 大人說破了嘴仍然無效，孩子大過不犯小錯不斷，怎麼辦？

▲就單純自我矯正方式而言，那名侍者可能會採取何種行為？＿＿＿＿＿＿＿

＿＿＿＿＿＿＿＿＿＿＿＿＿＿＿＿＿＿＿＿＿＿＿＿＿＿＿＿＿＿＿＿＿＿＿

▲就過度矯正方式而言，那名侍者可能會採取何種行為？＿＿＿＿＿＿＿＿＿＿

＿＿＿＿＿＿＿＿＿＿＿＿＿＿＿＿＿＿＿＿＿＿＿＿＿＿＿＿＿＿＿＿＿＿＿

　　因為這個問題很嚴重，經理可以同時採用單純自我矯正和過度矯正法。單純矯正是立刻送上開胃前菜並且要求廚師快點將主餐準備好；過度矯正則是免費提供額外的餐點，像是一份額外的開胃前菜、飲料、或是沙拉和招待的甜點。

 ## 萬一碰到無法矯正的情況，怎麼辦？

　　並非所有情境都可以用矯正的方式，因為有時造成的錯失是無可挽回的，如孩子打破玻璃窗，不可能叫他再將碎片重新裝上；打翻的牛奶不可能再倒回杯子裡；再如偷了錢的小孩如果已把錢用光，又無任何收入，他也無法歸還……皆屬此種情形。

　　另一個無法矯正的原因是因為矯正（即使是單純矯正）對某些人而言根本是能力做不到的，如一群小朋友晚上在教室內升火，引起火災，損失數萬元；一位教養院內智能障礙者在盛怒下破壞一張椅子；或一位療養院內精神失常的婦女，將院方所發的衣服撕成碎片。在這些情況下，不可能要求這些人重縫衣服、完全修好椅子，或將教室回復原狀，換言之，這些人極可能既無財力也無能力完成最重要的矯正工作。

　　若矯正方式如上所述已無法彌補或超乎個人能力所及時，可遵行的原則是仍讓這個人盡其可能地彌補所造成的損失。

　　最重要的原則是使他在耗費許多時間與精力之後，能體認到他必須為自己的行為負責任，也只有如此他才能了解自己的行為已經對別人造成多麼大的不便，以及對方為什麼要如此對待他。

即使只是部分矯正亦需付出代價

從這個原則可說明，雖然「覆水難收」，肇事者仍需將地板清理乾淨，而那位打破玻璃窗的小孩，雖然玻璃已不可能回復原狀，也應清理好碎片，當然還可以叫他打電話或去玻璃行訂購一片玻璃、量好尺寸、準備測量的工具，而且當父親在安裝時，即使他自己不會裝，也要隨時在旁邊聽候差遣。

通常我們要求他人實踐矯正步驟時應遵循一個原則，就是要他：(1)整個補救過程均需在場；和(2)必須盡可能協助過程中的每一部分。也許參與和協助對必須實際補救的人來說並沒有多大的實質意義，但卻讓他知道他還是得花那麼多的時間和精力，而且矯正的行為就是他對自己引起的問題一種負責任的表現。

如果在事件中所造成的經濟損失太大，不是肇事者所能負擔得起，原則上可採分期付款的方式以長時間來償還。

如前述造成教室失火的小朋友，可要求他們連續兩三年每個禮拜從零用錢裡交出五十元，如果他們實在拿不出錢來，可以要求他們用代工的方式來償還，譬如他們可以幫管理員整理易燃物，或協助檢查門窗是否鎖好以防再有「入侵者」。因為矯正的行為必須和違規行為產生關聯，火災的地點在學校，小孩代工的地點最好也在學校裡。萬一實際上行不通的話，讓他們在別的地方完成也可以；例如肇事小孩的父母因家裡離校太遠，不方便讓小孩在放學後留校，就可要求他每星期在家花幾小時做一些無償的工作。

 自我測驗

一個四歲大的小女孩故意把姊姊的小豬撲滿打破，使得碎玻璃散了一整張的地毯。因為她年紀太小沒法收拾好地毯上的玻璃碎片，父親罵了她一頓後叫她回房去，然後自己清理碎片。他從廚房拿來垃圾桶、從儲物櫃中拿出吸塵器、從車庫中拿來延長線，又從工具箱中找出手套來，把所有的碎片都清乾淨了，然後把垃圾倒掉，把各種工具歸位。之後再好好安慰姊姊，還去店裡買一個新的撲滿給她。在這段時間之內，那個肇事的小女孩一直在自己的房

間裡玩她的玩具。

她們的母親目睹一切，並且也想出較理想的處理方式，但是都被父親否決。理由不外是小女兒還小不懂事，要她清理玻璃碎片太危險，而且她也沒錢賠姊姊的撲滿。

▲請在以下的空白處寫出日後若發生類似的事件時，這位母親可以建議她的丈夫如何處理？譬如：

在大人做清理工作時，肇事的小孩該做些什麼？＿＿＿＿＿＿＿＿＿

＿＿＿＿＿＿＿＿＿＿＿＿＿＿＿＿＿＿＿＿＿＿＿＿＿＿＿＿＿＿＿

她應該做些什麼來賠償？＿＿＿＿＿＿＿＿＿＿＿＿＿＿＿＿＿＿＿

＿＿＿＿＿＿＿＿＿＿＿＿＿＿＿＿＿＿＿＿＿＿＿＿＿＿＿＿＿＿＿

她應該要怎麼來安慰她姊姊？＿＿＿＿＿＿＿＿＿＿＿＿＿＿＿＿＿

＿＿＿＿＿＿＿＿＿＿＿＿＿＿＿＿＿＿＿＿＿＿＿＿＿＿＿＿＿＿＿

在矯正的過程中應該要求她儘量做父親剛剛所做的那些事。這小女孩可以在父親的指示及協助下去拿延長線。父親可幫她從櫃子裡拿出吸塵器，但要小女孩拖到出事地點，她也可以不用人協助就拿來垃圾桶和手套，當父親在收拾玻璃碎片時，小女孩一定也要待在旁邊而不是在自己房間裡，她可以幫忙推吸塵器。至於安慰姊姊的部分，可讓小女孩去向姊姊道歉、握手言和、拿手帕幫她擦眼淚、拍拍她肩膀，並且給姊姊一些她自己的玩具以作為賠償。

如果必須買一個代替品的話，小女兒應該跟爸爸一起去店裡，找類似的賠償物，並且親自捧回家。因為這個年紀的小孩應該不會有零用錢，因此她就沒辦法出賠償金；但是如果她有零用錢，例如一星期十元，就要她連續十星期，每星期拿出五元來，即使她付出的總數只不過是賠償品的五分之一而已也沒關係。她也可以再三向姊姊保證她永不再犯，直到姊姊不再生氣為止，而且還把自己的玩具給姊姊作為補償。

如何決定矯正的方式

在決定使用何種矯正方式時，有一些原則可供參考。

第一個原則即是前面所提的：若問題行為是故意的、常犯的、嚴重的或很煩人時，最好運用過度矯正法。

第二個原則是自問若要使問題的傷害減到最小的程度，亦即要回復原狀的話，必須採取哪些補救措施？要解答這個問題，可以假設你本身就是那位受害者，接著列出你希望對方採取的所有行動。例如某人打破一樣你心愛的東西，如果只是叫他賠錢，那一定難消你心頭之氣，因為只要他賠錢，你自己得跑一趟百貨公司、千辛萬苦地找相似的東西再付錢。總而言之，即使只是單純自我矯正也需考慮到這項原則。

第三個考慮的原則是自問身為團體一份子，若要彼此尊重，與人和睦相處，而你又無意中犯錯時，你會如何自處？例如在斟酌對一個老是插隊的小孩，應用何種矯正方式時，不妨假想若是你插隊時，你通常會怎麼做，很可能你會向對方道歉並自動站到隊伍末端去，同樣的你也可以在對犯錯者採用單純自我矯正時，如法炮製。

 自我測驗

振毅是一位青少年，兩個月前剛拿到駕照，這回他因為趕著去約會，在倒車出車庫時，一不小心把爸爸的車子給刮傷。他到修車廠去估價，人家要他一萬元的噴漆費，而他的薪水（打工賺來的）只不過一個星期三百元，且這筆錢也包括了他所有必要的花費。

▲可能的解決途徑：盡可能詳細寫出振毅的父母針對這次事件可要求振毅採取什麼補救措施，至少就這輛車的損壞部分他可以怎麼做？

_____

_____

▲如果要振毅負責去修車廠接洽修理事宜，可以要他採取哪些行動？

 # 若闖禍者不肯完成自我矯正或過度矯正怎麼辦？

　　自我矯正的涵義就是要使肇事者對自己犯錯的行為負責，並且使受害者不再憤怒。如果孩子不肯依大人的建議執行過度矯正，可以採納的另一方式是讓他接受比過度矯正更不好受的另一些懲罰方式，如取消他的權利、罰他做比自我矯正更不願做的事等。

　　因此萬一犯錯者不肯合作時，第一個原則就是提醒犯錯者注意，若他不合作，會有更嚴重的懲罰等著他；而如果他仍堅持的話，大人一定要執行這項懲罰。

　　第二項原則是在事情發生以前就要和小孩討論自我矯正的重要性。否則，如果過去已多次發生相同的情形，那麼小孩和大人在事件發生後都會變得很情緒化，而且也不容易達到建設性的自我矯正目標。這和之前提到的積極演練是一樣的。

　　第三項規則是養成自我矯正的習慣。使小孩一旦習慣於自我矯正之後，更容易接受或適應新的情況。

　　對非常年幼的小孩而言，第四個原則就是如果他拖延或是拒絕自我矯正，在整個矯正過程中，大人要親切地帶著小孩一起動手做。在此原則之下，大人只有在正好待在幼兒身旁可當場示範的情況下，才可以教幼兒如何自我矯正。也因此，必須要大人心甘情願，而非出於被迫的情形下才可以決定貫徹自我矯正。話又說回來，正因為自我矯正確是合理可行的處理方式，因此如果能事先討論之前的原則，大人多半願意配合。

自我測驗

一個五歲大的男孩經常忘記把整潔、漂亮的新衣服換下來再出去玩，所以每次玩回來衣服不是髒了就是被扯破了。以往父母親對此情形很煩惱，他們的處理方式是罰他幾天不准出去玩。

現在他們決定用單純自我矯正法，要求他玩回來後自己換上乾淨的衣服，並且自行清洗髒掉的衣服，還要摺好、收起來。因為小孩的這種行為是經常性的，父母可用過度矯正法要求小孩連洗衣機中其他的衣服也要一併清洗並且收好。這對父母預期他們的小孩下次又穿髒衣服回家時，會拒絕他們告訴他該做的矯正行為。

▲ 要防止小孩拒絕合作的第一個原則是在事前就與他討論過並且示範過自我矯正的程序。在這一類的討論中父母應該告訴小孩什麼？＿＿＿＿＿＿＿＿

＿＿＿＿＿＿＿＿＿＿＿＿＿＿＿＿＿＿＿＿＿＿＿＿＿＿＿＿＿＿＿＿＿

▲ 第二個原則是使自我矯正成為一種習慣。還有哪些違規行為父母可採用自我矯正法？＿＿＿＿＿＿＿＿＿＿＿＿＿＿＿＿＿＿＿＿＿＿＿＿＿＿

＿＿＿＿＿＿＿＿＿＿＿＿＿＿＿＿＿＿＿＿＿＿＿＿＿＿＿＿＿＿＿＿＿

▲ 第三個原則是告訴他如果他拒絕的話，他必須做另一種補救措施。在這個例子中另一種可行之道是什麼？＿＿＿＿＿＿＿＿＿＿＿＿＿＿＿＿

＿＿＿＿＿＿＿＿＿＿＿＿＿＿＿＿＿＿＿＿＿＿＿＿＿＿＿＿＿＿＿＿＿

▲ 處理拒絕合作者的第四個原則是溫和地親自帶領。父母要如何應用這個原則呢？＿＿＿＿＿＿＿＿＿＿＿＿＿＿＿＿＿＿＿＿＿＿＿＿＿＿＿

 自我矯正不同於懲罰

由自我矯正的指導原則中可知道它和積極演練一樣，與處罰是不同的。但是，在做自我矯正的過程中，小孩因為要花額外的心力，因此有被處罰的感覺，而父母親因為被該事所煩擾，因此對採取的行動，也就好像要給小孩

處罰似的。為了避免這些處罰的感覺，事先可採取一些和積極演練一樣的防範措施。

1. 父母不可用生氣、大聲指責的口氣，而是用冷靜溫和的語氣說話。

2. 如前所述，當父母親與孩子共同討論自我矯正的意義時，孩子一定要完全同意自我矯正的合理性。而在討論過程中，為了取得孩子的同意與支持，父母可採協調折衷的態度。例如當小孩堅決反對父母提議的「考試考不好時，每天多讀六十分鐘的書」，若小孩同意三十分鐘的話，大人不妨稍做讓步，如果問題持續存在的話，那時再增加讀書的時間。

3. 父母親應該用肯定的語氣表達自己的想法。避免使用否定的措辭告訴孩子不該做什麼，例如「不要把屋子弄亂」、「不要遲到」、「不要打妹妹」、「不要叫了」、「不要寫得歪歪扭扭」。相反的應該用肯定的措辭告訴孩子希望他有什麼樣的表現，例如，「把衣服撿起來」、「五點以前要回家」、「幫你姊姊洗碗筷」、「我在打電話時請你小聲一點」、或是「在作業紙邊上留三公分的空白」。

自我矯正是一種免除發怒、處罰、指責或嘮叨的正向方法，此外，它還能導向一些積極、合理的行為。如果能遵守前面所提出的指導原則，你就能避免將過度矯正視為是處罰的想法。

記錄

記錄的目的

大部分的研究顯示，過度矯正在兩、三天之內就能使那些問題行為減少很多。如果能夠每天作記錄，過度矯正的效果就更顯而易見，這個日誌的內容要儘量詳細，這樣才能幫助父母與諮商員或老師討論如何使孩子的行為更進步。下面的例子是為一個亂丟玩具的小孩所作的記錄。這個記錄的方法和之前積極演練所敘述的方法是類似的。

記錄範例

日期	不良行為次數		說明
10 月 22 日	卌	5	我每次都替他撿起玩具。
10 月 23 日	|||	3	我每次都替他撿起玩具。
10 月 24 日	||||	4	我每次都替他撿起玩具。
10 月 25 日	卌		6	我每次都替他撿起玩具。
10 月 26 日	||	2	他把玩具撿起來放到自己的房間，第一次時會抱怨。
10 月 27 日		0	父親也與他談過度矯正的事，並誇讚他的整潔。
10 月 28 日			1	他不再抱怨。玩完玩具後就會收好。
10 月 29 日		0	告訴他我很欣慰。
10 月 30 日		0	告訴他我很欣慰。
10 月 31 日		0	告訴他我很欣慰。
11 月 1 日		0	告訴他我很欣慰。
11 月 2 日		0	告訴他我很欣慰。

　　這個記錄即使當日沒有出現不良行為，仍然必須每天記錄。第二、三欄將每一不良行為計次並統計，第四欄是給父母與諮商員或老師討論孩子進步情形的依據。在 10 月 25 日下的三條橫線顯示開始自我矯正。為了避免只強調不好的行為，不妨只記錄你和孩子所做的優良行為。

自我測驗

在你開始用自我矯正處理問題行為時，下面的指導語和練習將對你有所幫助。
在做這些練習時，盡可能與專業的諮商員一起討論。

先決定你要消除的問題行為，再從中選出一項常發生或一天出現幾次的行為，
這樣自我矯正的效果才能在最初幾天顯現出來。如果問題行為並不是經常發
生，例如一星期一次或更少，那麼即使是極具成效的施行程序，也要數星期
後才會讓你看到明顯的改變。在此情形下就很難說你是否有進步。

▲寫出你決定要消除的問題行為：＿＿＿＿＿＿＿＿＿＿＿＿＿＿＿＿

＿＿＿＿＿＿＿＿＿＿＿＿＿＿＿＿＿＿＿＿＿＿＿＿＿＿＿＿＿＿＿＿

▲要改變問題行為也就是要矯正這問題行為所引起的後果，因此必須詳細記
錄這些後果包括哪些。請具體清楚寫下你所選定的這行為將引起哪些不愉
快的後果：＿＿＿＿＿＿＿＿＿＿＿＿＿＿＿＿＿＿＿＿＿＿＿＿＿

＿＿＿＿＿＿＿＿＿＿＿＿＿＿＿＿＿＿＿＿＿＿＿＿＿＿＿＿＿＿＿＿

▲在下面的空白處寫上你將使用的單純自我矯正內容。請考慮身為一個成熟
講理的成人，當你不小心犯錯時，會採取哪些行動以彌補過失？請敘述在
此情況下，就單純自我矯正而言，你希望對方採取哪些行動？

＿＿＿＿＿＿＿＿＿＿＿＿＿＿＿＿＿＿＿＿＿＿＿＿＿＿＿＿＿＿＿＿

＿＿＿＿＿＿＿＿＿＿＿＿＿＿＿＿＿＿＿＿＿＿＿＿＿＿＿＿＿＿＿＿

▲當問題行為的產生是有意的、頻繁的、嚴重的或極擾人時，用過度矯正優
於單純自我矯正。你想使用過度矯正還是單純自我矯正？請說明理由：

＿＿＿＿＿＿＿＿＿＿＿＿＿＿＿＿＿＿＿＿＿＿＿＿＿＿＿＿＿＿＿＿

你應該對問題行為的發生作記錄，而且這記錄最好在你做自我矯正的前幾天
就開始。準備有畫線的紙張作記錄，或者就用本篇所提供的範例形式。在左
邊那一欄寫上日期，從你打算開始記錄的那一天記起。至少在開始進行自我
矯正的前三天就開始記錄。

在開始使用自我矯正的那一天，畫上雙線以標明新規則的開始。

記錄表

日期	不良行為次數	說明

▲在你開始自我矯正前，先確定一下這些生活中的小插曲真有你想的那麼嚴重嗎？如果沒有的話，你不妨重新考慮是否真要用到自我矯正。在下面的空白處請寫出根據每天的記錄，對於問題行為所採取行動的必要性：

_____

_____

▲在要求某人做自我矯正前，必須先和他說清楚你的計畫以及如此做的理由，而且一定要徵求他的同意才可以。對年幼的兒童更要以角色扮演的方式讓他了解。對於較年長的小孩則要說清楚每一步具體行為、要達到什麼標準才算數，以及若不合作時要採取哪些應變措施等。如果要用到角色扮演的話，請寫下你將如何向對方說明角色扮演的性質：_____

_____

▲在下面的空白處寫下你們討論和角色扮演的結果。說明當你問對方問題以確定他是否真的了解也知道該怎麼做時，他是否真的了解並且同意。注意一下他有沒有提到自己將要怎麼做：＿＿＿＿＿＿＿＿＿＿

＿＿＿＿＿＿＿＿＿＿＿＿＿＿＿＿＿＿＿＿＿＿＿＿＿＿＿＿＿＿＿＿＿＿

在經過討論後，應該就要馬上開始執行自我矯正的規則，積極的關注可以產生正向的行為。

- 請描寫你第一次使用自我矯正法時所發生的狀況。

- 他是自動自發還是經過你的「提醒」去做自我矯正的？

- 如果要矯正的對象是個小孩，你在提醒他時態度是否溫和？有沒有剛好站在他旁邊親自示範引導？

- 你有沒有隨時注意矯正的進行情形？

- 當他開始和完成自我矯正的行動時，你有沒有讚許他？

- 你是否堅持要做到完全徹底的矯正？

- 在他猶疑、能力不及或不願意時你是否有提供協助？

- 你是不是在問題行為發生後立刻要求對方矯正的工作？

- 如果有拒絕的情況發生，你有沒有提出另一種變通的方式？

- 如果對方是個小孩，他有沒有變得很情緒化？如果有的話，你是否會讓那些情緒性的行為在自我矯正開始前就消失？

- 矯正完後，你有沒有在別人面前誇獎過他？

▲請利用前面的問題做引導，詳細描述你第一次進行自我矯正的經過情形：

＿＿＿＿＿＿＿＿＿＿＿＿＿＿＿＿＿＿＿＿＿＿＿＿＿＿＿＿＿＿＿＿＿＿

＿＿＿＿＿＿＿＿＿＿＿＿＿＿＿＿＿＿＿＿＿＿＿＿＿＿＿＿＿＿＿＿＿＿

▲寫出下次自我矯正期間，你自己的行為可能會有哪些改變：＿＿＿＿＿＿

＿＿＿＿＿＿＿＿＿＿＿＿＿＿＿＿＿＿＿＿＿＿＿＿＿＿＿＿＿＿＿＿＿＿

▲自我矯正最主要的目的是使人對自己的行為負責，而且避免產生生氣和處

罰的感覺。你是否不動怒地處理問題而對方是否毫無忿恨地接受你的提議呢？若否，將來你會採取哪些行動來促進雙方更合理的行為方式？描寫你們的情緒性行為，和你提出的糾正方式：＿＿＿＿＿＿＿＿＿＿＿＿＿

＿＿＿＿＿＿＿＿＿＿＿＿＿＿＿＿＿＿＿＿＿＿＿＿＿＿＿＿＿＿＿＿

▲看看你的記錄表，經過自我矯正後那些問題行為改善了多少？＿＿＿＿＿

＿＿＿＿＿＿＿＿＿＿＿＿＿＿＿＿＿＿＿＿＿＿＿＿＿＿＿＿＿＿＿＿

▲當你成功地用自我矯正處理某一問題行為後，自然會用此法再去處理一些其他的問題。請寫出下次你會用自我矯正去處理同一個人的哪些問題行為？

＿＿＿＿＿＿＿＿＿＿＿＿＿＿＿＿＿＿＿＿＿＿＿＿＿＿＿＿＿＿＿＿

＿＿＿＿＿＿＿＿＿＿＿＿＿＿＿＿＿＿＿＿＿＿＿＿＿＿＿＿＿＿＿＿

　　如果到目前為止你都能八九不離十地完成我們所提供的練習，那麼現在你應該能把握住自我矯正的精義，而且還能將它運用到日常生活中所面臨的問題。當然使用此一策略的最佳時機是在問題變得嚴重以前，也就是說在一個人感覺他的行為已引起別人些微的不便時，就即刻自動地作自我矯正，而無需他人的提醒或與別人商量矯正的細節。還有一點也很重要，就是你可以將自我矯正變成一種處理自己情緒的方法；你可以把因別人冒犯你所產生的怒意，轉化成輔導他改變當時的情況，而不是用處罰的方式。自我矯正的方法對你和你想要糾正的人都有好處，而且它應是在你不生氣、他不內疚的情形下進行的。

積極演練、自我矯正和過度矯正的聯合運用

　　為了區別積極演練、自我矯正和過度矯正三種方法不同的特徵，之前的章節已經分別敘述它們進行的步驟。在很多情況下，以上每一個方法都可以處理相同的問題。下表將針對幾個典型的問題說明每一種方法的應用。

1 大人說破了嘴仍然無效，孩子大過不犯小錯不斷，怎麼辦？

問題	自我矯正	過度矯正	積極演練
1. 尿床	清理床鋪和更換內衣褲與睡衣	重新鋪床	練習起床上廁所
2. 用力關門	為製造噪音而道歉	持續道歉	練習輕輕關門
3. 沒有關門、關衣櫥抽屜、關燈	關上門或抽屜、關燈	關上任何其他的門或抽屜，以及關上其他的燈	重複練習關門、關抽屜和關燈
4. 在宴會中被夥伴冷落	當提出請求時，短時間地和夥伴在一起	長時間和夥伴在一起	夥伴將你介紹給其他賓客
5. 睡覺時間到了，小孩仍遲遲不肯睡覺	發現他晚睡時要求他上床睡覺	第二天提早上床睡覺	接下來幾天都提早上床睡覺
6. 小孩吃飯時將食物潑灑在自己身上和地板上	清理身上和地板上的飯菜殘渣	同時清理吃飯的區域	練習小心和慢慢地進食
7. 小孩遺失借來的東西	歸還一個新的東西	指導他擴大範圍搜尋，並且歸還一個比原來更好的東西	練習將東西放在適當的位置
8. 被警察發現超速駕駛	將速度降至速限下	將速度降至低於速限很多	練習慢速駕駛；警察要求你上駕駛課程
9. 在商店偷東西	歸還偷竊物品	賠償商店額外的金錢或物品；法院罰鍰	只和其他能負責的人逛街
10. 女孩在哥哥拒絕和她玩時，給哥哥取難聽的綽號	女孩道歉	女孩道歉並且稱讚她的哥哥	女孩練習對哥哥提出積極正向的請求
11. 老師看見小孩恐嚇欺負另一個小孩	告訴小霸王停止這個行為並道歉	告訴小霸王停止這個行為並道歉，並且補償受害者	要求小霸王練習讚美，並練習提出令人愉悅的請求

（接下頁）

59

（承上頁）

問題	自我矯正	過度矯正	積極演練
12. 因為衝動地吃了一個大巧克力棒而破壞節食計畫	下一餐少吃相等卡路里的食物量	下一（幾）餐少吃比大巧克力棒更多卡路里的食物量	預先計劃每天的飲食；不購買巧克力
13. 兒童賴床十五分鐘	提早十五分鐘叫醒他	提早三十分鐘叫醒他	練習設定鬧鐘
14. 小孩將另一個小孩打到流鼻血	要求小孩協助必要的醫療照顧	要求小孩停止打架，協助受害者並保證不再傷害他	要求小孩練習使用語言、非肢體的解決方法
15. 學生在家庭作業報告中拼錯字	在報告中更正錯誤	將拼錯的字重複寫幾遍	提供袖珍版字典，鼓勵他使用和練習

參考文獻及延伸閱讀

Allison, A. G., & Ayllon, T. (1980). Behavioral coaching in the development of skills in football, gymnastics, and tennis. *Journal of Applied Behavior Analysis, 13*, 297–314.

Anderson, G. (1978). Deceleration of severe aggressive behavior via overcorrection and required relaxation. *The Boulder Behaviorist, 6*, 1–2.

Axelrod, S., Brantner, J. P., and Meddock, T. D. (1978). Overcorrection: A review and critical analysis. *The Journal of Special Education, 12*, 367–391.

Azrin, N. H., & Armstrong, P. M. (1973). The "Mini-Meal": A method for teaching eating skills to the profoundly retarded. *Mental Retardation, 11*, 9–13.

Azrin, N. H., & Besalel, V. A. (1980). A parent's guide to bedwetting control: A step-by-step method. New York: Simon & Schuster.

Azrin, N. H., & Foxx, R. M. (1971). A rapid method of toilet training the institutionalized retarded. *Journal of Applied Behavior Analysis, 4*, 89–99.

Azrin, N. H., & Foxx, R. M. (1974). *Toilet training in less than a day.* New York: Simon & Schuster.

Azrin, N. H., Gottlieb, L., Hughart, L., Wesolowski, M. D., & Rahn, T. (1975). Eliminating self-injurious behavior by educative procedures. *Behavior Research and Therapy, 13*, 101–111.

Azrin, N. H., Hontos, P. T., & Besalel-Azrin, V. (1979). Elimination of enuresis without a conditioning apparatus: An extension by office instruction of the child and parents. *Behavior Therapy, 10*, 14–19.

Azrin, N. H., Kaplan, S. J., & Foxx, R. M. (1973). Autism reversal: Eliminating stereotyped self-stimulation of retarded individuals. *American Journal of Mental Deficiency, 78*, 241–248.

Azrin, N. H., & Nunn, R. G. (1973). Habit reversal: A method of eliminating nervous habits and tics. *Behavior Research and Therapy, 11*, 619–628.

Azrin, N. H., & Nunn, R. G. (1974). A rapid method of eliminating stuttering by a regulated breathing approach. *Behavior Research and Therapy, 12*, 279–286.

Azrin, N. H., & Nunn, R. G. (1977). Habit control: Stuttering, nail biting, and other nervous habits. New York: Simon & Schuster.

Azrin, N. H., Nunn, R. G., and Frantz, S. E. (1979). Comparison of regulated-breathing vs. abbreviated desensitization on reported stuttering episodes. *Journal of Speech and Hearing Disorders, 44*, 331–339.

Azrin, N. H., Nunn, R. G., & Frantz, S. E. (1980). Habit reversal treatment of thumbsucking. *Behavior Research and Therapy, 18*, 395–399.

Azrin, N. H., Nunn, R. G., & Frantz, S. E. (1980). Habit reversal vs. negative practice treatment of nail biting. *Behavior Research and Therapy, 18*, 281–285.

Azrin, N. H., Nunn, R. G., & Frantz, S. E. (1980). Habit reversal vs. negative practice treatment of nervous tics. *Behavior Therapy, 11*, 169–178.

Azrin, N. H., Nunn, R. G., & Frantz, S. E. (1980). Treatment of trichotillomania (hairpulling): A comparative study of habit reversal and negative practice training. *Journal of Behavior Therapy and Experimental Psychiatry, 11*, 13–20.

Azrin, N. H., & Powers, M. A. (1975). Eliminating classroom disturbances of emotionally disturbed children by positive practice procedures. *Behavior Therapy, 6*, 525–534.

Azrin, N. H., Sneed, T. J., & Foxx, R. M. (1973). Dry bed: A rapid method of eliminating bedwetting (enuresis) of the retarded. *Behavior Research and Therapy, 11*, 427–434.

Azrin, N. H., Sneed, T. J., & Foxx, R. M. (1974). Dry-bed training: Rapid elimination of childhood enuresis. *Behavior Research and Therapy, 12*, 147–156.

Azrin, N. H., & Thienes, P. M. (1978). Rapid elimination of enuresis by intensive learning without a conditioning apparatus. *Behavior Therapy, 9*, 342–354.

Azrin, N. H., & Wesolowski, M. D. (1974). Theft reversal: An overcorrection procedure for eliminating stealing by retarded persons. *Journal of Applied Behavior Analysis, 7*, 577–581.

Azrin, N. H., & Wesolowski, M. D. (1975). Eliminating habitual vomiting in a retarded adult by positive practice and self-correction. *Journal of Behavior Therapy and Experimental Psychiatry, 6*, 145–148.

Azrin, N. H., & Wesolowski, M. D. (1975). The use of positive practice to eliminate persistent floor sprawling by profoundly retarded persons. *Behavior Therapy, 6*, 627–631.

Azrin, N. H., & Wesolowski, M. D. (1980). A reinforcement interruption method of eliminating behavioral sterotypy of profoundly retarded persons. *Behavior Research and Therapy, 18*, 113–119.

Azrin, V. B., Azrin, N. H., & Armstrong, P. M. (1977). The student-oriented classroom: A method of improving student conduct and satisfaction. *Behavior Therapy, 8*, 193–204.

Barmann, B. C. (1979). The use of overcorrection with artificial nails in the treatment of chronic fingernail biting. *Mental Retardation, 17*, 309–311.

Barton, E. J., & Osborne, J. G. (1978). The development of classroom sharing by a teacher using positive practice. *Behavior Modification, 2*, 231–250.

Bernstein, P. H., Hamilton, S. B., and Quevillon, R. P. (1977). Behavior modification by long distance. *Behavior Modification, 1*, 369–380.

Bernstein, P. H., Hamilton, S. B., & Quevillon, R. P. (1977). Behavior modification by long-distance: Demonstration of functional control over disruptive behavior in a rural classroom setting. *Behavior Modification, 1*, 369–380.

Besalel, V. A., and Azrin, N. H. (1981). The reduction of parent–youth problems by reciprocity counseling. *Behavior Research and Therapy, 19*, 297–301.

Basalel, V. A., Azrin, N. H., & Thienes-Hontos, P. (1980). Evaluation of a parent's manual for training enuretic children. *Behavior Research and Therapy, 18*, 358–360.

Bitgood, S. C., Crowe, M. J., Suarez, Y., & Peters, R. D. (1980). Immobilization: Effects and side effects on stereotyped behavior in children. *Behavior Modification, 4*, 187–208.

Carey, R. G., & Bucher, B. (1981). Identifying the educative and suppressive effects of positive practice and restitutional overcorrection. *Journal of Applied Behavior Analysis, 14*, 71–80.

Carey, R. G., & Bucher, B. D. (1983). Positive practice overcorrection: The effects of duration of positive practice on acquisition and response reduction. *Journal of Applied Behavior Analysis, 16*, 101–109.

Carey, R. G., & Bucher, B. D. (1986). Positive practice overcorrection: Effects of reinforcing correct performance. *Behavior Modification, 10*, 73–92.

Carroll, S. W., Sloop, E. W., Mutter, S., & Prince, L. P. (1979). The elimination of chronic clothes ripping in retarded people through a combination of procedures. *Mental Retardation, 16,* 246–249.

Close, D. W., Irvin, L. K., Prehm, H. J., & Taylor, V. E. (1978). Systematic correction procedures in vocational skill training of severely retarded individuals. *American Journal of Mental Deficiency, 83,* 270–275.

DeCatanzaro, D. A., & Baldwin, G. (1978). Effective treatment of self-injurious behavior through a forced arm exercise. *American Journal of Mental Deficiency, 82,* 433–439.

Denny, M. (1980). Reducing self-stimulatory behavior of mentally retarded persons by alternative positive practice. *American Journal of Mental Deficiency, 84,* 610–615.

Epstein, L. H., Doke, L. A., Sajwaj, T. E., Sorrell, S., & Rimmer, B. (1974). Generality and side effects of overcorrection. *Journal of Applied Behavior Analysis, 7,* 385–390.

Fitterling, M., & Ayllon, T. (1983). Behavioral coaching in classical ballet. *Behavior Modification, 7,* 350–352.

Foxx, R. M. (1976). Increasing a mildly retarded woman's attendance at self-help classes by overcorrection and instruction. *Behavior Therapy, 7,* 390–396.

Foxx, R. M. (1976). The use of overcorrection to eliminate the public disrobing (stripping) of retarded women. *Behavior Research and Therapy, 14,* 53–61.

Foxx, R. M. (1977). Attention training: The use of overcorrection avoidance to increase the eye contact of autistic and retarded children. *Journal of Applied Behavior Analysis, 10,* 488–499.

Foxx, R. M., & Azrin, N. H. (1972). Restitution: A method of eliminating aggressive-disruptive behavior of retarded and brain damaged patients. *Behavior Research and Therapy, 10,* 15–27.

Foxx, R. M., & Azrin, N. H. (1973). The elimination of autistic self-stimulatory behavior by overcorrection. *Journal of Applied Behavior Analysis, 6,* 1–14.

Foxx, R. M., & Azrin, N. H. (1973). Dry pants: A rapid method of toilet training children. *Behavior Research and Therapy, 11,* 435–442.

Foxx, R. M., & Azrin, N. H. (1973). Toilet training the retarded: A rapid program for day and nighttime independent training. Champaign, IL: Research Press Co.

Foxx, R. M., & Bechtel, D. R. (1982). Overcorrection. *Progress in Behavior Modification, 13,* 227–228.

Foxx, R. M., & Bechtel, D. R. (1983). Overcorrection: A review and analysis. In S. Axelrod & J. Apsche (Eds.), *The effects of punishment on human behavior* (pp. 133–220). New York: Academic Press.

Foxx, R. M., & Jones, J. R. (1978). A remediation program for increasing the spelling achievement of elementary and junior high school students. *Behavior Modification, 2,* 211–230.

Foxx, R. M., & Livesay, J. (1984). Maintenance of response suppression following overcorrection: A 10-year retrospective of eight cases. *Analysis and Intervention in Developmental Disabilities, 4,* 65–79.

Foxx, R. M., & Martin, E. D. (1975). Treatment of scavenging behavior (coprophagy and pica) by overcorrection. *Behavior Research and Therapy, 13,* 153–162.

Freeman, B. J., Moss, D., Somerset, T., and Ritvo, E. R. (1977). Thumbsucking in an autistic child overcome by overcorrection. *Journal of Behavior Therapy and Experimental Psychiatry, 8,* 211–212.

Harris, S. L., & Ersner-Hershfield, R. (1978). The behavioral suppression of seriously disruptive behavior in psychotic and retarded patients: A review of punishment and its alternatives. *Psychological Bulletin, 85,* 1352–1375.

63

Harris, S. L., & Romanczyk, R. G. (1976). Treating self-injurious behavior of a retarded child by overcorrection. *Behavior Therapy, 7,* 235–239.

Harris, S. L., & Wolchik, S. A. (1979). Suppression of self-stimulation: Three alternative strategies. *Journal of Applied Behavior Analysis, 12,* 185–198.

Judkins, J. D. (1976). Overcorrection procedures with the institutionalized retarded: An evaluative review. *Mental Retardation Bulletin, 4,* 98–110.

Kazdin, A. E., French, N. H., & Sherick, R. B. (1981). Acceptability of alternative treatments for children: Evaluations by inpatient children, parents, and staff. *Journal of Consulting and Clinical Psychology, 49,* 900–907.

Luiselli, J. K., Helfen, C. S., Pemberton, B. W., & Reisman, J. (1977). The elimination of a child's in-class masturbation by overcorrection and reinforcement. *Journal of Behavior Therapy and Experimental Psychiatry, 8,* 201–204.

Marholin, D., II, Luiselli, J. K., and Townsend, N. M. (1980). Overcorrection: An examination of its rationale and treatment effectiveness. In M. Hersen, R. M. Eisler, and P. M. Miller (Eds.). *Progress in Behavior Modification: Vol. 9* (pp. 49–80). New York: Academic Press.

Marholin, D., & Townsend, N. M. (1978). An experimental analysis of side effects and response maintenance of a modified overcorrection procedure. *Behavior Therapy, 9,* 383–390.

Matson, J. L., Horne, A. M., Ollendick, D. G., & Ollendick, T. H. (1979). Overcorrection: A further evaluation of restitution and positive practice. *Journal of Behavior Therapy and Experimental Psychiatry, 10,* 295–298.

Matson, J. L., & Stephens, R. M. (1977). Overcorrection of aggressive behavior in a chronic psychiatric patient. *Behavior Modification, 1,* 559–564.

Matson, J. L., Stephens, R. M., & Home, A. M. (1978). Overcorrection and extinction-reinforcement as rapid methods of eliminating the disruptive behaviors of relatively normal children. *Behavioral Engineering, 4,* 89–94.

Matson, J. L., Stephens, R. M., and Smith, C. (1978). Treatment of self-injurious behavior with overcorrection. *Journal of Mental Deficiency Research, 22,* 175–178.

Matson, J. L., & Taras, M. E. (1989). A 20-year review of punishment and alternative methods to treat problem behaviors in developmentally delayed persons. *Research in Developmental Disabilities, 10,* 85–104.

McGrath, P., Marshall, P. G., & Prior, K. (1979). A comprehensive treatment program for a fire setting child. *Journal of Behavior Therapy and Experimental Psychiatry, 10,* 69–72.

Miltenberger, R. G., & Fuqua, R. W. (1981). Overcorrection: A review and critical analysis. *The Behavior Analyst, 4,* 123–141.

Nunn, R. G., Azrin, N. H. (1976). Eliminating nail biting by the habit-reversal procedure. *Behavior Research and Therapy, 14,* 65–67.

Ollendick, T. H., Matson, J. L., Esveldt-Dawson, K., & Shapiro, E. S. (1980). Increasing spelling achievement: An analysis of treatment procedures utilizing an alternating treatments design. *Journal of Applied Behavior Analysis, 13,* 645–654.

Osborne, J. G. (1976). Overcorrection and behavior therapy: A reply to Hobbs. *Rehabilitation Psychology, 23,* 13–31.

Polvinale, R. A., and Lutzker, J. R. (1980). Elimination of assaultive and inappropriate sexual behavior by reinforcement and social-restitution. *Mental Retardation, 18,* 27–30.

Porterfield, J. K., Herbert-Jackson, E., & Risley, T. (1976). Contingent observation: An effective and acceptable procedure for reducing disruptive behaviors of young children in group settings. *Journal of Applied Behavior Analysis, 9,* 55–64.

Rasmussen, P. R. (1973). *An alternative procedure for eliminating a child's undesirable behavior using the mother as therapist: A case study.* Unpublished master's thesis, Southern Illinois University, Carbondale, IL.

Roberts, P., Iwata, B. A., McSween, T. E., & Desmond, E. F., Jr. (1979). An analysis of overcorrection movements. *American Journal of Mental Deficiency, 83*, 588–594.

Singh, N. N. (1987). Overcorrection of oral reading errors. A comparison of individual and group-training formats. *Behavior Modification, 11*, 165–181.

Singh, N. N., & Singh, J. (1986). Increasing oral reading proficiency. A comparative analysis of drill and positive practice overcorrection procedures. *Behavior Modification, 10*, 115–130.

Singh, N. N., Singh, J., & Winton, A. S. W. (1984). Positive practice overcorrection of oral reading errors. *Behavior Modification, 8*, 23–37.

Stewart, C. A., & Singh, N. N. (1986). Overcorrection of spelling deficits in mentally retarded persons. *Behavior Modification, 10*, 355–365.

Webster, D. R., & Azrin, N. H. (1973). Required relaxation: A method of inhibiting agitative-disruptive behavior of retardates. *Behavior Research and Therapy, 11*, 67–78.

Wells, K. C., Forehand, R., Hickey, K., & Green, K. D. (1977). Effects of a procedure derived from the overcorrection principle on manipulated and nonmanipulated behavior. *Journal of Applied Behavior Analysis, 10*, 679–687.

2

孩子的行為只有三分鐘熱度，怎麼辦？

——談維持行為的策略

K. Esveldt-Dawson & A. E. Kazdin◎著
盧台華◎譯

引言

　　本篇提供讀者當行為改變方案不再繼續實施後，應如何維持行為（maintain behavior）的方法。本書精心設計若干協助兒童及成人發展良好行為及去除不良行為的策略，包括：「系統性注意與讚賞」、「忽略」、「回饋」、「隔離」、「過度矯正」等等。這些策略在建立教室、家庭、機構及社區內的各項行為皆很有效。

　　在行為建立之後，使用的各項策略都需逐漸褪除，俾使個體在日常生活狀況下亦能產生此項適當行為。惟當一項行為改變方案中止後，所建立的行為通常會回復到原先未採行該項方案時的狀態，所以除非我們在方案結束階段仔細地計劃，並發展維持該項行為的特殊方法，否則所建立的行為很可能又不再出現。

　　本章介紹了數項可單獨使用或合併採行的行為維持方法，俾便在行為已改變而方案尚未完全結束前實施。所述及的數種維持行為技術均詳細解說了在不同的對象、行為及情境下的應用狀況，並提供應用這些技術的各項練習。

所謂行為的維持，係指持續性地增加適當的行為或減少不適當的行為。當我們發現一項行為已達到期望之出現率後，就應該開始著手於維持該項行為的工作。特殊的增強、懲罰、或消除等技術在改變行為方面固然有效，但行為改變的最後成功尚有賴於在這些技巧去除後行為是否仍能持續出現。有關在不同情境下行為維持的重要性可由下列數例闡明。

在家中

張先生夫婦對他們七歲大的女兒小莉非常頭痛。自從弟弟一個月前出生後，小莉就開始愈來愈不聽話。每當張先生夫婦在照顧弟弟時，小莉就開始哭鬧，一直到他們不再碰弟弟為止。

張氏夫婦決定採用小莉不哭鬧時才多注意她的策略，如果她哭鬧就少去注意或照顧她。他們告訴小莉如果她在他們照顧弟弟時，能安靜在旁邊等或自己玩，他們會給她一個笑臉貼紙。只要得到四張貼紙，爸爸或媽媽會陪她玩十分鐘的遊戲而不管弟弟。

在實施此項行為改變過程中，張先生與張太太發現小莉哭鬧的情形減少了很多，同時每次他們會在她安靜時給她獎勵。三週後，小莉的哭鬧情形不再出現。張氏夫婦非常高興，但希望能不再用給貼紙的方式來獎勵她。

張先生夫婦決定要增加小莉的責任感。他們對小莉說，因為她做得很好，如果她喜歡的話，可以幫弟弟換尿布、餵弟弟吃東西、或跟他玩，而且每天晚上可以單獨跟爸爸或媽媽在一起一段時間。並且他們也花心思叫小莉的朋友來家中，俾將其注意力轉移至其他她想做的事情上，並仍持續記錄小莉哭鬧的次數。張氏夫婦對小莉在給貼紙的方案去除後，哭鬧次數卻未增加的表現感到頗為滿意。

▲設計這個親職增強方案的目的是什麼？_____

_____

▲小莉的行為是否能維持？_____

▲請說明你認為行為維持或未能維持的理由：_____

_____

在學校

　　小康是一個七歲大的國小二年級學生，老師通知他的父母說他在校內常有損壞同學簿本的行為，他父母為此很傷腦筋。於是老師與父母開了一次座談會，共同研討應如何改進他的行為。他們決定只要小康有損壞同學簿本的行為，就必須在大廳中坐五分鐘。他們也畫了一張圖表來記錄小康的行為，如果一天中他沒有損壞別人簿本的情形出現，就可以在圖表上蓋一個「星星」章。第一個星期，小康表現得非常好，這項方案仍繼續施行了三個星期，結果小康只出現了一次破壞的行為。因為他表現得非常好，所以教師與父母決定不再實施該方案。但當方案停止後，小康的損壞行為又再度出現。教師與父母都很擔心，他們又開了一次座談會，以決定下一步該如何著手。

▲設計這個方案的目的是什麼？_____

_____

▲有效嗎？_____

▲小康的行為是否能維持？_____

▲請說明你認為行為維持或未能維持的理由：_____

_____

在住宿式教養機構

　　凱文是一個已在教養機構中待了兩年的八歲大重度智能障礙兒童。他的問題行為中最嚴重的就是暴力行為。例如，他經常會咬自己及他人的手及手臂，所以一位負責照顧他的工作人員決定要用過度矯正及增強原理來改正他的行為。只要凱文在每十分鐘內沒有咬自己及他人的行為出現，他可以得到一小塊餅乾。工作人員採用計時器來計算時間。如果他有咬自己或他人的行為出現，則必須把自己的頭向前後左右搖動十次以達到過度矯正的效果。

　　在三週後，凱文咬人的行為已顯著降低，工作人員認為已不再需要實施該方案。在把增強及過度矯正策略去除後的前幾天，咬人行為仍然只有很低的出現率，但是不知道是什麼原因，幾天後他又開始有咬自己及別人的行為出現。僅在一週內，他的咬人行為又回復到原來的程度。

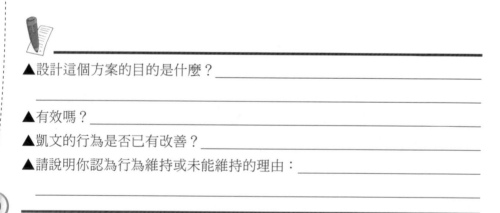

▲設計這個方案的目的是什麼？＿＿＿＿＿＿＿＿＿＿＿＿＿＿＿＿＿

＿＿＿＿＿＿＿＿＿＿＿＿＿＿＿＿＿＿＿＿＿＿＿＿＿＿＿＿＿＿＿＿

▲有效嗎？＿＿＿＿＿＿＿＿＿＿＿＿＿＿＿＿＿＿＿＿＿＿＿＿＿＿＿

▲凱文的行為是否已有改善？＿＿＿＿＿＿＿＿＿＿＿＿＿＿＿＿＿＿＿

▲請說明你認為行為維持或未能維持的理由：＿＿＿＿＿＿＿＿＿＿＿

＿＿＿＿＿＿＿＿＿＿＿＿＿＿＿＿＿＿＿＿＿＿＿＿＿＿＿＿＿＿＿＿

　　上述三例均敘明了增加適當行為或減低不適當行為的改變方案。在每一例中，所用的方案都很有效，其間最大的差異乃在方案去除後行為維持的程度。一般而言，所建立的行為通常都不易維持，除非實施特別的維持行為技術。本章即在呈現數項可用來維持行為的方法。

▲到目前為止，你可能已對行為的維持有了大概的了解。現在用你自己的話描述行為維持的定義：_____

如果你所寫的與下述相類似就對了：行為維持係指在行為改變方案中建立的行為，在該方案停止後仍會持續出現。

▲請敘述一項你熟悉的成功改變行為並能維持行為的情況：_____

▲為什麼你認為上述行為能持續維持？_____

▲現在請你描述一項你所熟悉的，方案雖然成功，但行為並未維持的情況：

_____

_____

▲為什麼上述行為未能維持？_____

_____

維持行為的基本技術

在開始運用維持行為技術以前，行為必須先達到可接受的程度。如果行為尚未達此程度，則必須先修正方案。只有當行為改變至滿意的程度後，才可開始考慮如何保有這些成果。下面概述六項可維持行為的技術。雖然係採個別分述的方式，但這些技術可合併使用，俾在行為方案中止後，行為仍能維持最高的出現率（Foxx, Faw, & Weber, 1991）。

技術一：間歇性增強

在開始建立某項新行為時，每次行為發生後皆需給予增強。然後漸漸地

我們需減少酬賞的頻率，直到只需偶爾給予或根本不需增強為止。

在每次行為發生後立即給予增強，可以加速行為的建立與出現率。這種在每次期望行為產生後給予的增強，稱為連續性增強。

在行為發展至很高的出現率時，即不再需要每次給予增強。增強物的給予可採間歇性方式，也就是說有些期望行為的產生會得到增強，有些則否。僅在部分行為產生的情況下才給予的增強，即為間歇性增強。間歇性增強的運用對行為的維持頗為有效（Baer, Blount, Detrick, & Stokes, 1987）。

例如老師欲稱讚學生舉手發言的行為，起初，她可能在學生每次有此項行為時即稱讚她，但當舉手行為出現率增高以後，老師可以開始增強大部分而非全部的舉手發言行為。為了要讓行為持續發生，更需要再逐漸減少增強的次數。在這個過程中，老師可先在每五次有舉手行為出現時即給予增強，然後慢慢改為十次或二十次之後再給予增強。不久，舉手行為出現後，只需偶爾或根本不給予稱讚，但是行為仍持續維持很高的出現率。

採用間歇性增強時需記住的重要原則包括：

1. 對期望行為產生後的增強需逐漸減少。

2. 減少增強的過程必須是漸進的，不致讓人覺得太突然，譬如由每兩次、每五次，到每十次、十五次等。

下例闡明了正確使用間歇性增強來維持行為的情形。

八歲大的英傑和六歲大的英美是兄妹，他們常常吵架。李太太雖然了解兄妹間難免會有爭吵發生，但是她發覺他們兄妹倆經常從放學一回到家就開始吵到睡覺為止。為了要改正這個問題，李太太決定每次在兄妹倆好好相處時就稱讚他們。在頭兩個星期中，她仔細地留意，每當他們好好相處時，她就走過去告訴他們，她很高興看到他們和睦相處，並且抱抱他們，給一些小點心以資酬賞。她很注意自己的用詞及做法，所以孩子對她的注意與關切並不厭煩。而且她每次都讓孩子明瞭得到增強的原因。

在第二週結束時，兄妹倆已能和睦相處，很少爭吵。此時，李太太決定要把每次期望行為出現後即給予的增強，延長至每兩次或三次給予，然後再

逐漸延長至每四次、五次……之後再給予增強。李太太在逐漸減少適當行為的增強次數時，非常注意行為是否仍繼續維持。最後，李太太幾乎很少為了獎勵孩子和睦相處的行為而走向他們，而這項行為卻仍能繼續保持很高的出現率。

▲用你自己的話敘述間歇性增強在行為維持過程中的意義：

_____

_____

▲在採行間歇性增強來維持行為時，有哪些需記住的重要原則？

1. _____

2. _____

假如你在答案中提及，在期望行為產生後給予愈來愈少的增強，而且減少的速率需是漸進的，那你就對了！

　　下述的增強方案非常有效而且已達到可維持之階段。請你仔細閱讀，並敘述你會如何運用間歇性增強來達到維持行為的目的。

　　碰！紗門被重重地拉開又關上，五歲大的小東走進了廚房，媽媽生氣地大叫：「告訴你多少次了不要再這樣關門，你聽到了沒有？」當天晚上，媽媽決定要改正小東的關門行為。她告訴小東如果他每次能輕輕地關門，他就可以得到一張貼紙。至今為止已兩週了，小東都很小心地關門，很少有用力關門的行為。此時連續性增強似乎已不再需要了。

▲請敘述你用來維持行為的計畫：_____

_____

技術二：延宕性增強

當開始施行增強方案時，必須在期望行為發生後立即給予增強，愈快給予增強物，效果也就愈佳。在期望行為尚未經常出現之時，立即性增強尤為重要。但當行為已建立而且持續出現之後，增強物的給予即可延宕。

逐漸延長期望行為與給予增強之間的時間有助於行為的維持。在方案的早期，每次行為發生之後需要提供立即性的增強。但當行為已有改變之後，短暫的延宕即可出現。行為與增強之間的延宕可逐漸增長而不致使行為消失。最後當這個人已能在不需直接增強的情況下表現適當行為，增強即可終止（Dunlap, Koegel, Johnson, & O'Neill, 1987）。

例如，要改進孩子的進餐禮儀，父母可以在孩子用餐具而非用手抓食物時、不滿嘴食物地講話時、或請別人夾食物給他而不是爬到桌上搯食物等情況時，給予他們星星貼紙之類的增強物。這些星星可以在飯後交換其他東西。在方案實行之初，只要孩子有上述行為即需立即給予星星。在用餐當中，父母可以把星星貼在小卡片上或者直接交給孩子。當這些期待的進餐行為發展之後，即可開始逐漸延長行為與給星星之間的時間，起初可在餐後再給予星星，慢慢地可延至一天結束前才結算應該給多少個星星。最後可能一星期才結算一次獲得多少個星星貼紙。

另一種延宕增強的方式，是在進餐時即給予星星，但逐漸延長以星星交換其他酬賞的時間。亦即孩子在剛開始幾天內，可以在得到星星後立即交換其他物品，但慢慢地拉長獲得星星貼紙與交換物品間的時間。最後可能孩子仍可得到星星，卻只需偶爾交換其他的酬賞。此時行為已能由父母給予星星等的回饋而獲致維持，不再需要靠其他的酬賞了。

採行延宕性增強需記住的重要原則如下：

1. 要慢慢拉長行為出現與獲致酬賞間的時間。

2. 此種延宕一定要採漸進的方式進行。

下例闡明了正確使用延宕性增強來維持行為的情況。

　　小強是一個非常有主見的三歲幼兒，他對每天早上的洗澡相當排斥。起初，他會用哭叫、逃跑、踢打爸爸、把浴缸的水潑灑出來等方式努力逃避洗澡。爸爸用盡各種方法，包括在浴缸中放入玩具、先警告他、甚至相當生氣，都沒有用，最後爸爸決定要用立即增強方案來改善小強的洗澡行為。在每次洗完澡後，爸爸會立刻跟他玩十五分鐘的搔癢遊戲，效果相當好。三週後爸爸認為可以不要再用這項立即增強方案了，他決定增加搔癢遊戲與洗澡中間的間隔時間。首先，延遲至三十分鐘後才玩遊戲，之後慢慢增加到間隔二到三小時後。由於爸爸並不想終止與小強玩搔癢遊戲，他持續會在一天中的任一時間進行此項遊戲。爸爸覺得小強已經不需要直接的增強就可以表現出良好的洗澡行為了。

▲敘述延宕性增強在維持行為過程中的意義：＿＿＿＿＿＿＿＿＿＿＿＿＿

＿＿＿＿＿＿＿＿＿＿＿＿＿＿＿＿＿＿＿＿＿＿＿＿＿＿＿＿＿＿＿＿＿

▲採用延宕性增強時需記住哪兩項要點？

1. ＿＿＿＿＿＿＿＿＿＿＿＿＿＿＿＿＿＿＿＿＿＿＿＿＿＿＿＿＿＿＿＿

2. ＿＿＿＿＿＿＿＿＿＿＿＿＿＿＿＿＿＿＿＿＿＿＿＿＿＿＿＿＿＿＿＿

如果你提及，拉長行為與增強間的時間，而且以漸進方式來進行，那就對了！

　　為了讓你有機會自行練習運用延宕性增強的技巧，下述為一項需要用維持方法的情境，請你仔細閱讀並說明你會如何用延宕性增強來維持行為。

　　吳太太決定要教女兒麗珍如廁的訓練。她先讓麗珍了解溼與乾的區別，並告訴她說，只要她有在廁所中尿尿的行為，她就可以得到媽媽的擁抱，並且可以得到一小包「乖乖」。吳太太每二十分鐘左右就會帶麗珍到廁所尿尿，以確定她能自己去廁所，而每次只要她尿了就可得到大量的稱讚及一小包「乖乖」。媽媽和麗珍都對如廁訓練感到相當滿意。

▲請敘述你要如何用延宕性增強來維持這項行為：_____

_____

技術三：褪除法

　　如果行為改變方案突然中止，已建立的新行為很可能不再出現，所以極需一段轉銜期以便逐漸去除該方案。這種方案的逐漸去除，可養成一個人在日常生活情境中正常的反應能力。因為在日常生活中，行為產生之後並不像在特殊的增強方案中一樣，可立即得到某種酬賞。褪除法即指逐漸去除或移轉高度結構化的行為改變方案。運用間歇性增強與延宕性增強在褪除法中固然有效，但是還有其他較少用或不直接用增強物的方法亦可用來維持行為。

　　最常用的一種技術是把改變方案劃分為幾個階段（Kazdin & Mascitelli, 1980）。第一個階段是高度結構化的，所以需要清楚說明哪項行為可以得到哪些酬賞。酬賞的給予必須是經常性的且不可延宕過久。當一個人的行為已能持續穩定出現後，就可邁入下一個階段。在這個階段，增強物的使用已逐漸減少且不可預期，因此在行為與獲得增強間的關係已較不直接且不顯著。

　　例如教室管理方案即可劃分為三個階段。在第一個階段，學生如果寫完作業或按時交作業即可獲得點數，一天內可以有好多次給予點數的作業時間，而且可以交換自由活動時間或玩遊戲等。當學生在此一階段表現良好達數週後，即可開始下一個階段的改變過程。

　　在第二個階段，老師不必每節課均檢查他們的作業是否做完，也不必再給點數，而是學生如果功課寫完了即可多享有一些自由活動時間。老師只需偶爾或一週檢查一次作業即可，或者可由學生來自行檢查並作記錄。只要學生的作業按時交，每天就可多享有一些自由活動時間。

　　第三個階段，學生仍可得到酬賞，但是酬賞已改為協助督導其他同學的功課，以建立責任感。就此點而言，學生仍享有增強的好處，但已不再需要

與行為直接相關的酬賞了。

此時行為改變方案已經褪除，因為所有實質的增強物皆已不再應用。

運用逐漸褪除方案的技術來維持行為時，需注意下列兩點原則：

1. 逐漸減少特殊行為與特別酬賞之間的高度結構關聯。

2. 方案要有明確的階段，一般而言，二至三個階段即足夠了。

在第一個階段中，事先需特別說明哪項特殊行為可獲得哪項酬賞，而且增強物需立即且經常地給予對方；在第二個階段，行為與酬賞的關聯減低了，雖仍需給予酬賞或利益，但只需偶爾檢視行為發生的情形即可；在第三個階段，行為與酬賞關聯更少了，仍給予酬賞，但係以建立對方對該項行為的責任感方式來維持行為的高出現率。到了這個最後階段，受輔的個案應已能自發地產生大量期望行為而且不再需要任何立即增強。

下列闡明正確應用逐漸褪除方案來維持行為的情況。

建生想要駕駛爸爸的汽車。他剛滿十八歲而且已考取了駕照，但每次允許他用車，他總是比承諾的時間晚一、兩個小時回來。他的父母常因此而非常擔心。建生樣樣都好，唯有此事讓父母覺得束手無策，所以經常在晚飯時為這件事爭執不休。他的父母決定用別的方式來改正他的行為。他們告訴建生說：他一週中只可在週末晚上用車，而且在十一點以前一定要回來，同時要告訴父母他去哪裡、留下可以聯絡的電話號碼。只要他確實在所要去的地方，而且比答應要回家的時間晚不超過十分鐘，他就可以在下週再用車。

他的父母非常仔細，每次至少打一通電話查詢他是否在該處，而且在他回家的時候一定要起床看是否已超過十一點。他們覺得非常滿意，因為建生確實在該處而且皆能準時返家。他們認為該是可以逐漸褪除此項高度結構性的改變方案而建立建生責任感的時候了。他們希望建生能在不需要如此嚴密、持續的督導下仍有良好的表現，於是他們開始採取偶爾抽查的方式而且他回家時亦不再起床，而建生仍能持續的準時回家。在最後一個階段，父母相信他會準時回家，他只需交代去哪裡即可。當然，建生可使用車子的次數亦因他的良好行為表現而增多了。由如此一個仔細督導控制的改變方案，逐漸發

展至一項只需給予建生更多責任感的方案，提供了我們如何解決一個不愉快情境的良方。

▲請敘述逐漸褪除方案的定義及如何採行不同的改變階段：

你的答案需提到慢慢減少特定行為與酬賞間的關聯。在第一個階段中需說明某種行為會得到某種酬賞；在第二個階段中則包括要繼續使用酬賞，但減少對行為的檢視；最後一個階段則需涉及運用較少的外控方式而產生更多獨立自主的功能。

下例敘明需利用逐漸褪除方案以維持行為的情況。

王教練對他的足球隊在週六下午球賽中的二流表現很感失望。球員們好像忘了怎麼打球，不僅不斷地失誤，而且在整場球賽進行中皆缺乏鬥志。在球賽過後的檢討會中，教練宣佈要採不同的方式來練球。球員們必須在每次練習前及後各跑操場十圈，在一天練習結束前要做十五次的順風衝刺短跑，而且每天要練習五次。他設計了一張記錄表，發給每人一張，每天由他來檢查是否皆完成了訓練項目。如果未完成，該球員下場球賽就不准出場賽球。

▲請敘述你將如何用逐漸褪除方案來處理上述情境：

技術四：把精心設計的增強物轉換成自然產生的增強物

自然產生的增強物即指在正常狀況下呈現或可得之行為結果，包括別人的讚美與注意、一些活動與權利，例如：休息、自由活動、遊戲等在教室中或家中經常進行的活動。在第一冊第二篇「如何適當地給孩子甜頭？──增強物的應用」中敘明了一些自然產生的增強物，可用在行為改變方案中，讀者可自行參考。

有些酬賞被稱為精心設計的增強物，因為它們在一般情境中不是垂手可得的，或者不常使用在行為改變方案中，例如：糖果可用來酬賞兄弟姊妹和睦相處或幫忙做家事的行為，或者點數及代幣等可用來酬賞特殊班中智能障礙學生的學習行為。我們在日常生活中，並不用糖果或代幣來酬賞這些行為。不過，這些酬賞在發展行為的過程中的確非常有用，但之後在維持行為時，把精心設計的增強物轉換成自然產生的增強物則頗為重要。能改用自然產生的增強物較易於維持行為（Kallman, Hersen, & O'Toole, 1975）。

例如國中特教班的教師皆希望能增加學生按時交作業的行為，所以可採抽獎方式用糖果、小獎品、CD 等作為增強物。但因為糖果、獎品等在一般學科學習中很少用及，教師必須在學生交作業的行為已正常化後，著手用自然產生的增強物來代替。

教師可改用稱讚與注意的方式來取代糖果與獎品。例如，將按時交作業的同學列在表上，貼在班級佈告欄內，以引起學生的注意。校長在例行巡視之際，也可停下來看看哪些同學在表上並當著全班同學的面獎勵他們。像這樣的讚賞在一般情形之下並不常見，但卻是一種轉移「精心設計」的增強物（如糖果與獎品）至較「自然產生」的增強物（如教師及同學的稱讚）的方式。

實施此項技術特別需要記住的重要原則是：把人工化的酬賞轉為日常生活中自然情況下產生的酬賞。

下例說明此項轉化的過程。

「小偉！我已經叫你四次了，還不快去把玩具收好！拜託！你已經超過該睡覺的時間有二十分鐘了！」這種情況幾乎在每晚要小偉睡覺前都會發生，趙太太實在非常厭煩這件例行公事，她決定要用行為改變技術來改正小偉不

按時睡覺的習慣。她告訴小偉，如果他在媽媽叫他去睡覺的十分鐘內上床，就可以獲得一個小玩具。實施這項方案的幾週後，趙太太和小偉都覺得相當愉快，小偉甚至已經可以在媽媽叫他去睡覺前就自行上床了。於是趙太太決定改用更自然化的增強物，包括讓小偉可以在第二天有多一點的閱讀或玩電動玩具的時間。這兩項增強物都很容易在日常生活中取得，且小偉非常高興能有多玩電動玩具的時間，故而持續地表現良好的準時睡覺行為且不會再有任何的抱怨了。

▲請敘述由精心設計的增強物轉換成自然產生的增強物之過程：

如果你的答案類似下述，那你已懂得個中三昧了：由精心設計的增強物轉變為自然產生的增強物是指在方案開始之際，採用人工化的酬賞，例如糖果、玩具等等，但當期望行為已建立之後則需改用自然環境中可取得的增強物，如：注意、稱讚、各類活動等。

下面的方案用的是精心設計的增強物，請仔細閱讀，並寫下你打算如何轉換為自然產生的增強物。

陳醫生是一家兒童減肥中心的主任，從事團體治療已有多年的經驗。他讓兒童們聚在一起談他們攝取過量食物及無法消瘦的原因，現在他想用一種對兒童減肥有直接影響的新治療方式。他要兒童做個別化的體能運動，並且採行控制卡路里攝取量的食物療法。只要能按照個別的減肥計畫實施即可獲得分數及獎品。這項治療方案希望能用「自然產生的增強物」以使食物療法能於日常生活情境中維持。

▲請敘述你將如何轉換為用自然的增強物:

_____

_____

技術五:發展同儕支持

　　來自同儕的注意與讚賞是非常有效的增強物。同儕的支持往往是改變行為及維持行為的最佳原動力。同輩給予的注意與讚賞是自然產生的增強物,也是上述精心設計的增強物轉換為自然產生的增強物中的一種,同時還能對其他維持行為技術的實施提供附加的成功保證。

　　當一項期望行為已建立之後,教師可重新把方案調整一番,讓同儕來扮演增強的角色。一種可實行的方式是讓他們亦分享到行為改變的成果與利益。例如:某位學生因表現適當的教室行為而可享有一些特權,這種酬賞亦可擴大讓其他同學共享,雖然他們並未被要求表現同樣的行為。這種某人可以替自己及他人爭取某種利益的情形,往往可以改變同儕間的互動關係。通常同儕會開始支持並鼓勵這位同學的適當行為,因為這項行為的發生與否會涉及他們自身的權益。如此一來,同儕支持即可成為行為改變的主要影響動力,甚至可持續至特殊的利益與酬賞中止時。

　　同儕的支持亦可經由讓同學直接對該學童施行酬賞的方式來建立。例如:家中的兄姊們在父母的協助下即可提供這種酬賞(如給予稱讚、注意、星星、參與遊戲)給自己的弟弟妹妹們,兄姊若把這件事做得很好,父母則可直接獎勵他們。這種由兄姊來施予的增強是一種非常有效的方式,即使在改變方案停止後,由於兄姊的行為良好可資表率,適當行為亦較可能維持(Lancioni, 1982)。

　　同儕支持經常用於前述之技術四:把精心設計的增強物轉換成自然產生的增強物中。例如:一項改變方案最初可能需要獎品、點心及特殊活動為增強物,但行為改進之後,即可納入較自然產生的同儕支持。所用的增強物可

能只是當著全班同學的面稱讚他，或要全班同學鼓掌表示讚許等等，或者可讓他當隊長、班長或組長以執行一些權利及義務。

運用同儕支持技巧需記住的重要原則，是要同儕主動參與該項改變方案。讓同儕共享改變之成果與利益，或由同儕實際督導方案的進行並給予酬賞，可以達到這個目的。

下例闡明運用同儕支持來維持行為的情形。

志偉是三年甲班中最愛引人注意與發笑的學生，只要一有機會，他一定會表現在課堂上講話、說一些笑話、擲紙飛機等干擾班級教學的行為。老師對他束手無策，並決定採行另一種改變方案。她告訴志偉：只要他每半個小時內能專心聽講、守規矩，他就可以得到一個嘉獎，如果一天有五個嘉獎，就可得到老師頒發的「模範學生」獎狀。實施的兩週內，志偉在老師面前都表現得非常安靜，但當老師不在場時（譬如在操場上玩、吃午餐等時刻），他又故態復萌。老師同時亦發現到，當她想逐漸拉長良好行為與獲得酬賞的時間時，志偉就會變本加厲。她深切感到，志偉的良好教室行為不但未能維持，而且亦不能轉移至其他情境中，因而決定請班上同學協助督導並增強志偉的良好行為。此時，不再由老師來檢視志偉的行為，而改由同學們來執行，老師只需在旁邊督導。此外，同學們並輪流設計「模範學生」的獎狀來獎勵他。志偉非常高興能得到班上同學的關懷與協助，他的教室行為徹底改善了，甚至於在沒有酬賞的情況下也表現得很好。在操場上、餐廳內，老師注意到同學不時地在提醒他。此種情形一直持續到該方案已逐漸褪除且中止後，老師發現志偉仍然表現得很好，也還偶爾聽到班上同學會稱讚他或提醒他要守規矩。

▲請敘述發展同儕支持的定義：＿＿＿＿＿＿＿＿＿＿＿＿＿＿＿

你的答案必須提到要讓與行為改變對象有接觸的人積極參與該項增強方案。

請仔細閱讀下列情況，並設計一項運用同儕支持以維持行為的方案。

玉秀剛要就讀小學二年級。她非常害羞，下課時常常獨自一人站在操場上，不參與班上同學的活動。周老師決定採用增強方案來幫助玉秀。她告訴玉秀：只要她看到她與其他同學一起玩，就會在她的卡片上面打一個勾。等上課鈴響時，玉秀就可以拿著卡片來換取獎品。

▲請敘述你如何根據上述來發展同儕支持方案：

_____

_____

_____

技術六：在新情境中維持行為

上述之各項技術皆有助於維持行為。惟除了要維持行為外，還需要讓兒童在進入其他新情境時亦能表現出良好行為。例如：一位少年犯可能因在感化院中表現良好而遭釋放。感化院是一個很適合實施行為改變方案的環境，故他所習得的新行為，不但要在方案中止後維持，而且要在回到社會與現實生活中仍能適應良好。

當行為改變方案僅在一種情境中實施時，這些行為往往無法經過類化而應用在其他新的情境中。例如：在學校中有良好行為的學生，在家中並不見得會表現出同樣的良好行為。同樣地，假如行為改變方案是在某節課中實施的，這種改變亦很難類化到其他的課堂上。

要在新的情境中建立並維持某項行為，就需要擴大此項增強方案至新的情境中。例如，增強可能增進了一位退縮兒童在下課時與他人一起玩的人際互動。不過，雖增進了他的社交行為，卻可能無法讓他在家中表現出相同的行為。為了要擴展良好行為，家長可能也需要在家中增強此項期望行為的出現。另外還有一些其他的情境（像參加活動或度假時），父母或教師亦可用來發展孩子的社交行為。上述情境並非都要運用特殊的增強方案，但是如能

在數種新的情境中對某行為施以系統化的酬賞，較可能產生類化而擴展至其他假設的情境中，同時亦能在方案中止後繼續維持（Rasing & Duker, 1992）。

在某些情況下，增強方案可由父母、教師或機構工作人員單獨施行，但是如果想要讓改變之行為在他人面前展現或維持時，則必須由這些人一起給予增強。例如，一個在教養機構中的智能障礙兒童可能會在某個工作人員面前表現出期望的適當行為，但卻不能在其他工作人員面前有同樣表現。這些工作人員就需納入改變方案中。如果這些工作人員都能給予增強，行為將不僅會在他們面前出現，甚至可以轉移至其他未參與方案的人面前。此外，如果能在不同的工作人員面前及不同的情境下建立，行為亦較易維持。

總之，如果我們的目標是要讓行為持續出現在不同的情境中，或在不同的人面前，那麼就需擴展行為改變方案至其他情境以及他人身上。當行為在不同的刺激下皆獲得酬賞時，也較容易類化於其他的新情境中，並能持續出現。藉由納入不同的情境及不同的訓練者，行為的改變也會變得較持續一致，而不易在方案中止後即消失不見。

在新情境中維持行為出現的重要原則是：需要將增強方案擴大至新的情境及納入不同的方案執行者。

下例闡明了在新情境中維持行為的成功運用過程。

建明是一位十七歲的高中學生，由於有嚴重的吸食藥物問題而被送入一所成人煙毒勒戒所接受治療。在最初的一個月，所內人員禁止建明離所一步，而且採行嚴格的行為改變方案。只要建明有不吸食藥物並積極參與日常學習活動的情形出現，即給予金錢以為酬賞。鑑於許多人在離開勒戒所後又再度出現吸食藥物的行為，治療方案特別要求他的父母參與，以便個案回到家中後仍能保持治療的效果。父母經常參觀各項治療措施並接受訓練，能在家中繼續行為改變方案。到第二個月時，所內人員開始允許建明回家住宿。在家中，父母也以同樣的方式來實施行為改變方案，並像在所內一樣給予相同的酬賞。三個月之後，建明離開勒戒所回到家中，不但開始上學而且已不再有任何藥物吸食的問題出現了。

▲在新情境中維持行為的重要原則為何？＿＿＿＿＿＿＿＿＿＿＿＿＿＿

＿＿＿＿＿＿＿＿＿＿＿＿＿＿＿＿＿＿＿＿＿＿＿＿＿＿＿＿＿＿＿＿

你的答案必須包括：將增強方案擴大至不同的情境及納入不同的方案執行者。

　　下述之行為改變方案對改變某種特殊情境中的行為很有效，請仔細閱讀，
然後敘述你將如何在新情境中維持行為。

　　怡芳就讀於國小三年級，但在校內從不跟老師或同學說話。經過醫生仔
細檢查後，發現她並無生理或神經上的問題，所以採行行為改變方案來治療
她不說話的行為。每天由一位治療師在小房間內施予怡芳一小時的訓練，每
次怡芳若能成功地模仿治療師所說的話，她就可得到一個代幣，在訓練結束
後可用來交換獎品。

　　四週之後，只要是在治療室內，只有她和治療師在，她就肯開口說話。
治療師嘗試帶怡芳到治療室外，但怡芳不肯開口跟她說話，治療師也嘗試將
另一位小朋友帶到治療室內，但怡芳還是不肯說話。很明顯地可以看出，怡
芳的行為並未在新情境或他人面前持續出現。

▲你打算如何在新情境中維持行為，請敘述之：
＿＿＿＿＿＿＿＿＿＿＿＿＿＿＿＿＿＿＿＿＿＿＿＿＿＿＿＿＿＿＿＿
＿＿＿＿＿＿＿＿＿＿＿＿＿＿＿＿＿＿＿＿＿＿＿＿＿＿＿＿＿＿＿＿

維持行為的原則

　　請依據下列數項原則來檢核你及你設計方案的對象是否已經可以開始進
行維持行為的技術：

☐ 1.確定期望行為已達到你想要建立的標準。

☐ 2.確定你已清楚設定了可以接受行為出現之限度。換句話說,你要設立一個標準或出現率,只要行為在此範圍內出現皆可接受。

☐ 3.確定你在向欲實施該方案之對象說明了你的方案要改變內容後,才開始施行方案。

☐ 4.確定方案改變的範圍及過程不要過大或過於突然。大部分方案中的改變都是漸進的。

☐ 5.在進入行為維持階段時,一定要確實督導行為,以了解情況。

☐ 6.對適當行為的出現,需繼續使用社會性增強及讚美。你可以減少使用的次數與頻率,但某些讚美與社會性增強則必須持續使用,即使行為已經不再經常出現。

☐ 7.如果發現期望行為未能持續出現,首先必須要讓行為再回復到可接受的標準後,才能嘗試另一種不同的行為維持過程或技術。

 ## 困難的解決:檢視行為是否維持

　　要施行維持行為的技術時,必須先確定行為已在某項特定的改變方案中達至令人滿意的水準。只有當期望行為達至該水準後,才可用特殊的技術來維持行為的出現。由於沒有任何方法保證行為一定持續出現,所以必須很仔細地檢視與督導行為的維持情形。

測量行為的發生情形

　　所有維持行為技術的實施都需要先中止行為改變方案,目的是要在期望行為維持高出現率的時候轉移至自然情境中。我們需要確定行為的改變成果並未消失,這需要靠行為的測量來決定。我們可以使用下列各種不同的方法來觀察行為。

最常用也最方便的方法就是用劃記或記錄行為的次數。例如某人打架的次數、稱讚別人的次數、自願參與班級討論的次數等等都可記次。如果碰到某些較不容易有表現機會的行為時，則需用某人完成該行為的次數的百分比來測量。例如，聽從指令的百分比、上課鐘響準時進入教室的百分比、正確答題的百分比等等。此外，計算行為維持時間的長短亦是一種可作為發脾氣、穿衣、讀書等行為測量的便利方法。

其他篇中亦有談及行為測量的方法，如：「如何不理會無理取鬧的行為？——忽視法的應用」、「如何讓孩子朝我們期望的方向發展？——系統性注意與讚賞的應用」，讀者可自行參考。

記錄行為發生的情形並畫成圖表

要評鑑行為維持技術的成效，必須將行為發生的情形畫成圖表。圖表可以很快地讓一般人看出，即使撤銷行為改變方案，行為是否仍維持在原來的水準上。譬如父母可能會設計一項行為改變方案來改善子女收拾房間的習慣。子女也許會將衣物、玩具、鞋襪等到處亂丟，父母每天只需檢查床、地板、抽屜、置物架等地點，記錄每處地點是整齊（沒有衣物或其他物品胡亂放置）或髒亂。

基準線階段指的是在改變方案尚未實施前的觀察，以測出問題的嚴重性。介入階段則是指行為改變方案實施期間的成效觀察，此時對收拾衣服等行為必須予以增強，以增進整理房間的良好行為。當行為已顯著改進後，則需開始進行維持行為的階段，例如，用拉長期望行為與給予酬賞間的間隔時間來維持行為的發生率等。下表可顯示行為在基準線、介入及行為維持階段的發生情形。

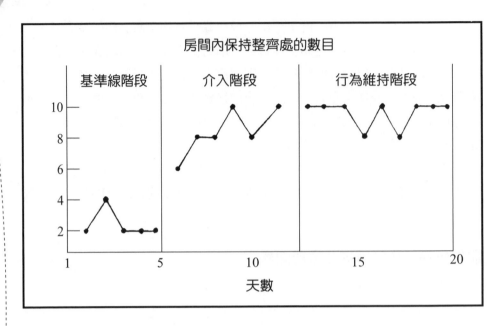

觀察上表可知：學童在基準線階段並未表現出愛整潔的行為，但增強方案改善了行為的出現率。在最後一個行為維持階段，顯示增強被延宕了但行為仍未消失。在此階段的末期，改變方案已完全中止而行為仍維持很高的出現率。由行為維持階段的測量可以顯示行為改變方案介入階段中所獲得的成效是否已減低或消失。

行為未維持時的處理

圖表可能顯示出行為在維持階段並未維持。此時該如何處理呢？首先要重新讓行為回復到原先達到的水準上，也就是說要暫時再回復到原先的行為改變方案中。行為通常會在一、兩天內又重新建立起來。

當行為恢復高出現率後，就需再度實施行為維持的階段。此時需根據上次所實施的結果加以修訂、改正，並精確地實施。如果欲使用間歇性或延宕性增強，則需以漸進的方式，由連續性增強轉變為間歇性或由立即增強轉變為延宕性增強，否則行為改變的成果可能會因過快褪除增強而消失。如果要改變增強方式，在轉變為間歇性增強或延宕性增強之前，行為一定要先維持

在頻繁且穩定的階段。

使用單項行為維持技術如果一開始並未奏效，可合併或同時採用不同的維持技術。例如，不是單獨使用間歇性增強、或延宕性增強、或轉變為自然產生的增強物等技術，而是合併使用這幾種不同的技術。需遵循的基本原則就是在中止改變方案之前，讓行為達至很高的出現率。測量行為維持可以幫助我們決定是否可以採行下一個步驟。如果發現行為能維持出現，也許可以嘗試在方案中做一點變化，或者用更自然產生的事物作為增強物。

下面的作業是要讓你練習解決困難並發展一個有用的維持計畫。

彬彬是一個十二歲的糖尿病患者，每天必須注射兩次胰島素，每次要注射時他都會逃跑、吵鬧、出現不當的行為或有時會故意延宕注射的時間。他的父母決定要設計一項能讓他立刻且按時接受注射的行為改變方案。每次彬彬能安靜接受注射，父母就會在圖表上打一個勾，只要得到兩個勾他就可以得到十五分鐘的電腦上網時間，這是彬彬最喜歡的休閒活動之一。很快地，彬彬已能愉快地接受胰島素的注射，父母認為該是養成他責任感的時候了。他們決定要延宕增強的時間，在彬彬兩個星期都能安靜接受注射後才可以得到十五分鐘的上網時間，但兩週內彬彬又再次拒絕接受注射，他的父母相當失望且沮喪。

▲請敘述兩種可用來改善此種狀況的技術。

1. _____

2. _____

 自行設計行為維持方案

本章已詳述了許多維持行為的技術。現在請開始實地應用已習得的這些技術。

▲請敘述你曾經用過或計劃要用來增進或減低某行為的方案：＿＿＿＿＿＿

＿＿＿＿＿＿＿＿＿＿＿＿＿＿＿＿＿＿＿＿＿＿＿＿＿＿＿＿＿＿＿＿＿

▲你在何時並如何來決定是否該進入行為的維持階段？＿＿＿＿＿＿＿＿＿

＿＿＿＿＿＿＿＿＿＿＿＿＿＿＿＿＿＿＿＿＿＿＿＿＿＿＿＿＿＿＿＿＿

▲請敘述你打算如何維持行為，其中要包括你所採用的技術：＿＿＿＿＿＿

＿＿＿＿＿＿＿＿＿＿＿＿＿＿＿＿＿＿＿＿＿＿＿＿＿＿＿＿＿＿＿＿＿

▲你在何時並如何把方案中的改變告訴對方？＿＿＿＿＿＿＿＿＿＿＿＿＿

＿＿＿＿＿＿＿＿＿＿＿＿＿＿＿＿＿＿＿＿＿＿＿＿＿＿＿＿＿＿＿＿＿

▲你如何持續督導及檢視行為的發生情形？＿＿＿＿＿＿＿＿＿＿＿＿＿＿

＿＿＿＿＿＿＿＿＿＿＿＿＿＿＿＿＿＿＿＿＿＿＿＿＿＿＿＿＿＿＿＿＿

▲你的行為維持方案是否有效？＿＿＿＿＿＿＿＿＿＿＿＿＿＿＿＿＿＿＿

＿＿＿＿＿＿＿＿＿＿＿＿＿＿＿＿＿＿＿＿＿＿＿＿＿＿＿＿＿＿＿＿＿

▲如果無效，說明你遭遇到什麼問題，以及如何修正你的行為維持方案（或
　你已做什麼樣的修正）？＿＿＿＿＿＿＿＿＿＿＿＿＿＿＿＿＿＿＿＿＿

＿＿＿＿＿＿＿＿＿＿＿＿＿＿＿＿＿＿＿＿＿＿＿＿＿＿＿＿＿＿＿＿＿

參考文獻與延伸閱讀

Albin, R. W., Horner, R. H., Koegel, R. L., & Dunlap, G. (Eds.). (1987). *Extending competent performance: Applied research on generalization and maintenance.* Eugene: University of Oregon.

Allen, J. S., Jr., Tarnowski, K. J., Simonian, S. J., Elliott, D., & Drabman, R. S. (1991). The generalization map revisited: Assessment of generalized treatment effects in child and adolescent behavior therapy. *Behavior Therapy, 23,* 393–405.

Baer, R. A., Blount, R. L., Detrick, R., & Stokes, T. F. (1987). Using intermittent reinforcement to program maintenance of verbal/nonverbal correspondence. *Journal of Applied Behavior Analysis, 20,* 179–184.

Dunlap, G., Koegel, R. L., Johnson, J., & O'Neill, R. E. (1987). Maintaining performance of autistic clients in community settings with delayed contingencies. *Journal of Applied Behavior Analysis, 20,* 179–184.

Foxx, R. M., Faw, G. D., & Weber, G. (1991). Producing generalization of inpatient adolescents' social skills with significant adults in a natural environment. *Behavioral Therapy, 22,* 85–99.

Hall, R. V., & Hall, M. L. (1998a). *How to select reinforcers.* Austin, TX: PRO-ED.

Hall, R. V., & Hall, M. L. (1998b). *How to use planned ignoring (extinction).* Austin, TX: PRO-ED.

Hall, R. V., & Hall, M. L. (1998c). *How to use systematic attention and approval.* Austin, TX: PRO-ED.

Horner, R. H., Dunlap, G., & Koegel, R. L. (Eds.). (1988). *Generalization and maintenance: Life-style changes in applied settings.* Baltimore: Brookes.

Kallman, W. H., Hersen, M., & O'Toole, D. H. The use of social reinforcement in a case of conversion reaction. *Behavior Therapy, 6,* 411–413.

Kazdin, A. E. (1994). *Behavior modification in applied settings* (5th ed.). Pacific Grove, CA: Brooks/Cole.

Kazdin, A. E., & Mascitelli, S. (1980). The opportunity to earn oneself off a token system as a reinforcer for attentive behavior. *Behavior Therapy, 11,* 68–78.

Kazdin, A. E., & Poister, R. (1973). Intermittent token reinforcement and response maintenance in extinction. *Behavior Therapy, 4,* 386–391.

Lancioni, G. E. (1982). Normal children as tutors to teach social responses to withdrawn mentally retarded schoolmates: Training, maintenance, and generalization. *Journal of Applied Behavior Analysis, 15,* 17–40.

Matson, J. S., Esveldt-Dawson, K., & O'Donnell, D. (1980). Overcorrection, modeling and reinforcement procedures for reinstating speech in a mute boy. *Child Behavior Therapy, 1,* 363–371.

Rasing, E. J., & Duker, P. C. (1992). Effects of a multifaceted training procedure on acquisition and generalization of social behaviors in language-disabled deaf children. *Journal of Applied Behavior Analysis, 25,* 723–734.

Rosen, H. S., & Rosen, L. A. (1983). Eliminating stealing: Use of stimulus control with an elementary student. *Behavior Modification, 7,* 56–63.

Stokes, T. F., & Osnes, P. G. (1989). An operant pursuit of generalization. *Behavior Therapy, 20,* 337–355.

Sullivan, M. A., & O'Leary, S. G. (1990). Maintenance following reward and cost token programs. *Behavior Therapy, 21,* 131–149.

3

如何提醒而不嘮叨？

——提醒策略的應用

R. V. Houten◎著
邱紹春◎譯

引言

　　我們常常聽到教師、父母說，改變孩子的行為時，曾經使用增強或忽視似乎無法產生效果，而感到非常困擾。其失敗的因素可能來自於策略或增強物的問題之外，有一個因素總被忽視但卻居於重要的地位，這個因素就是在實施增強策略時要提供提醒、暗示或協助，使孩子獲得成功的機會，進而建立行為的成就感及動機。固然，增進新行為的第一步是可以透過讚美、回饋或是其他人的評價的增強以產生行為。大部分的人最熟悉的方法是使用教導、指導及文字去誘發新行為。但是，行為研究已經證明教師、父母、輔導者、管理者及行政人員想要引導新行為時，使用提醒的方法是比較好的。當然行為一旦產生之後，必須選擇是否繼續增強使行為在無提醒的狀況下繼續發生。讀者可以參考其他篇以學習更有效地使用讚美、回饋和其他方法。

　　雖然運用熟練的技巧和大量的時間，透過緊密的逐步增強和緊密的接近或塑造，也可以指導新的行為。但是，如有一個很好的提醒技巧，卻可以非常快、非常容易地建立行為。本篇的方案設計可以協助教學者及學生更熟練地使用這個強力的教學工具。

如何協助他人適應新的改變

　　大多數的人要改變別人的行為而遇到困難時，均會感到挫折。當努力協助兒童或員工學習更負責任、更慎重或更有效，卻一再遭遇失敗時，感到挫折是很自然的事。要記得「固執的老習癖」有許多的刺激在支持。一個人也許想「為什麼我的孩子（或員工）不能更像我一樣、更容易去改變他們的行為？」然而，那個人如同其他人一樣也有許多改變自己行為的煩惱。例如大多數的人對於改變他們的飲食習慣、戒菸、物品歸位等有困擾。事實上，很少人能夠完成自己所訂定的新年新計畫。

　　人們很難改變行為的一個理由是，處在熟悉的環境時，有許多引導他們去做他們過去所做的事的線索。學習極端不同的行為的策略是要建立新的控制行為。當你問人們為什麼不做時，人們會告訴你他們不是不做，而是忘了做，他們的理由是在他們的環境中沒有線索刺激好讓他們記住。本篇的設計是要指導你如何運用提醒建立新的行為以替代舊的、不適當的反應行為，而篇中的練習提供你立刻開始操作如何使用提醒的機會。

　　本篇中所呈現的技巧是依據十年來在真實情境中深入研究所得的資料。嘗試過這些技巧的人們均驚嘆這些技巧是如此輕易地能夠開始獲得新的行為。因為人們在使用提醒搭配如稱讚之類的增強時，可以獲得最好的結果。因此強烈推薦你也閱讀本冊第四篇「如何讓孩子朝我們期望的方向發展？——系統性注意與讚賞的應用」。

　　本章的撰寫概念是要簡單地學習，而且相當簡單地去實踐。不過要有效地使用提醒則需要你的創意。因為最好的提醒經常需要有創意地去解決問題，創意有利於在選擇提醒策略之前的問題思考。本篇的練習雖然可以獨自練習，但最好是透過班級、研討會或小組討論。如此有組織的安排在回答練習時可以獲得回饋、討論、專心和鼓勵。

　　有些讀者除了在此提供的教學外，也許只要極少的協助便可以成功地開始使用提醒。有些讀者為了獲得最好的結果則需要加以說明及演練。一旦你學會如何使用提醒以建立新的行為，你會想要在你的行為改變方案中加上一

些提醒策略。

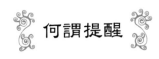

何謂提醒

在家中

　　威威每天放學回家後就把他的外套和書包丟在客廳的椅子上，他的父母一再提醒他應該把外套掛在衣櫥裡、書包吊在他房間的書桌。同時告訴他如果一週中每天均獲得貼紙的話，就帶他去他最喜歡的餐廳吃飯。雖然威威對這個方案顯現出非常興奮的樣子，但是在第三天他失敗了。當父母問他為什麼沒放好他的外套和書包時，他露出失望的樣子並說他忘了。

　　威威的父母確信他真的想賺得貼紙和去最喜歡的餐廳，也知道他經常會中斷日常所做的事情。因此，他們在他們的行為改變方案中明確增加了提醒。因為當威威回到家的時候，他們兩人均不在客廳，他們決定使用文字提醒。他們在威威經常丟放外套和書包的椅背上貼上提醒。訊號是「記得！」，並且畫一個掛勾、他的書桌及喜愛的餐廳的標誌。把訊號貼在椅背的原因是當威威丟外套和書包時可以看到。

　　第二天威威回到家看到訊號就掛好外套、收好他的書包，稍後他獲得一張貼紙。一週結束，威威獲得所有的貼紙，並與父母前往喜愛的餐廳。更重要的是他的父母注意到在最後兩天威威在看到椅背上的訊號之前直接去掛好外套。威威的父母使用了強有力的原理，他們將訊號放在椅背上確保掛好外套、收好書包的行為。

在社區

　　許多人在依交通號誌穿過十字路口時被轉彎的車子撞到。雖然行人正確地走路，車輛駕駛也全神貫注地注意其他的車輛，但是，如果他們未注意行人，而行人也沒注意看，嚴重的事故就容易發生。

　　從孩提時代，父母、教師就告訴我們穿越馬路時要注意左右來車。大多數的人都知道，如果要安全穿過街道，他們要一直注意行人號誌。不過，因

為有些人過馬路時精神不集中,一面過馬路一面做某些事、注意看或聽其他的事物、或是做白日夢,因而容易影響了注意,結果是每年都有人因車禍事故受傷或死亡。

行為研究者研究這個問題時發現 30%的人穿越馬路時沒有注意來往的車子。他們決定使用提醒策略去因應這個問題。提醒行人注意來往車輛的方法是設置行人號誌,這個行人號誌有如一個走路的人像,臉上有一對活生生的眼睛注意左右來車的樣子。結果採用了活生生的眼睛信號使不注意的人減少到 3%以下,因車子靠近而驚嚇者從 2.5%減少到 0.5%。這個信號有效的原因,在於人們確實獲得提醒,它提醒了人們去注意每一個需要注意看的瞬間及等候時注意看行人號誌(Van Houten, Retting, Van Houten, Farmer, & Malenfant, 1998)。

在臨床上

雖然許多人認為學會說話是理所當然的事,但是,一些兒童在學習說話上卻有很大的困難。美莉的父母擔心美莉語言發展緩慢。她滿三歲時即使會發很多的音,但仍不會說單字。對人冷漠,且沒有視線的接觸。帶她去地區醫院評估的結果顯示她疑似自閉症。轉介給一些專家,包括曾經治療過許多自閉症幼兒的語言病理學家。

她的父母被指導的第一件事是去指導他們的女兒模仿用在語言上的聲音。雖然美莉模仿學習了許多發聲,但是無法發出如「歐」的ㄡ音,而用如「八」及「咖」的ㄚ音替代。語言病理學家指導使用提醒技巧去教美莉發ㄡ。首先,他要求美莉發ㄡ,同時把他的拇指與食指放在美莉嘴唇外側的上面,要求她嘗試著發ㄡ音,他的拇指與食指同時往她的嘴唇中線的方向移動使她的嘴唇變成圓形張開。產生正確的聲音的同時,語言病理學家立即稱讚美莉。反覆練習之後,他可以逐步去除提醒直到美莉可以自己發音為止。

在學校

貧民區小學校長歐布萊恩知道運用頻繁的、特殊的稱讚可以使學生達到學校的要求。他親自組織了研討會研討如何使用系統的注意和肯定。他注意

到大部分教師都能達到增加稱讚的要求，但是一些教師仍然很難記得花時間掌握學生的良好行為。歐布萊恩校長覺得教師們想要更積極地與學生互動，卻急於趕進度而忘了稱讚。

為了解決這個問題，他討論使用提醒策略，他準備了含有音樂鈴聲的錄音帶，不定時地播放提醒他們注意教室周遭，因此他們可以看到學生的良好行為而加以肯定。教師們同意一試，並且在教室向孩子們解釋，他們一整天經常會聽到音樂鈴聲，目的是提醒他們注意教室周遭以及注意各個學生正在做的事。由於音樂鈴聲的使用增加了每個教室中稱讚的使用頻率，而且音樂鈴聲停止之後，稱讚仍持續地增加（Van Houten & Sullivan, 1975）。這個研究也用於食品連鎖店以提醒員工們管理食品安全期限的確認工作，在食品期限紀錄的通知之後播放音樂鈴聲。

在工作上

電話購物中心的老闆希望他的職員在客戶下訂單時，能夠順便介紹其他相關產品。他雖然給所有職員一張紙條，嘗試著提醒他們做到他的要求，但是大多數職員仍舊忘記他的要求或沒有意識到其他相關產品的存在。因為所有的訂單都會被輸入到電腦系統裡，他利用電腦螢幕傳達提醒他們有關他的要求，只要將訂單輸入，就會同時列出相關產品的清單。他決定提供獎金，當相關產品被訂購時，在螢幕上也提醒職員這個獎金。軟體管理員很快設計了他所要求的程式，而且銷售業績也立刻增加。

這個例子顯示提醒或線索是提醒或引導人們去執行被要求的行為。這些例子也可以說明好的提醒的特徵。第一，在所有的例子，適時地呈現提醒使父母、教師、臨床工作者或管理者產生被期望的行為。第二，在家庭、行人穿越道和商業行為的例子裡，提醒被放在人們應該注意的位置。第三，在臨床的例子中，提醒引導了被指導的行為。第四，在家庭的例子裡，提醒使威威記得如果將外套掛在衣櫥及書包放在他房間的話，他可以賺到增強物。在商業的例子中，電腦提醒了售貨員有效地賺取獎金。所有例子中被使用的提醒是特定的，而不是一般的。

使用提醒的基本原則

　　如果你要使提醒發揮最大的效果，應用一些原則或原理是非常重要的。以下將更嚴密的檢視各個原則。

▶原則一：安排每一件事──要在想要的行為出現之前出現提醒

　　每當你想指導某一個人學習在特殊的情境中使用不同的方法時，你必須考慮到在那個情境中一些特殊的刺激正在引導行為的發生。因此，如果要有效對抗這些控制目前行為的刺激，其提醒必須呈現於適當的瞬間，也就是希望行為產生之前的瞬間。

在家中

　　張太太屢次幫助她十歲的女兒珊珊做功課。不幸的，珊珊並沒有積極地做功課。每當母親要求她學習時，珊珊就用抱怨和言語辱罵她的母親。因此，她的母親決定執行在她做功課時增強她做出正確行為的方案。她向珊珊解釋，如果珊珊在做功課時能夠有禮貌且合作的話，她可以賺取額外的零用錢。並且舉例說明合作行為與不合作行為兩者的特殊例子。張太太提醒珊珊的方案得到珊珊的同意，以確保珊珊被要求做作業時，不做出以前的消極反應。結果母女兩人享受在和諧的情境中，而且把功課做得非常好。

在學校

　　二年級的老師發現她的學生發問時經常忘記舉手。為了要求他們舉手，她開始提醒他們發問前要舉手，她把食指放在她的嘴唇上以暗示他們在問題問完之前要安靜。她放下她的手指，很快地邀請舉手的學生發言。一段時間之後她停止言語的提醒，只用手指放在嘴唇上提醒學生不要說出來。不用多久的時間，她的學生學會了發問之前要舉手的行為。

在工作情境

　　一個大企業的管理者希望他的職員使用新的格式去撰寫報告。因為他知道糾正他們使用舊的格式不如用稱讚的較好，因此，當指派新客戶時，他把他們叫來，除了祝福他們之外，也提醒他們使用新的格式，同時提醒他們使用訓練手冊協助他們執行。他發現他的職員們很容易地過渡到使用新的格式。

▲請以在教室中教師適時發出一個手勢訊號作為提醒為例。試列出可以很容易地適時提醒的手勢訊號的例子。

1. _____

　_____

2. _____

　_____

3. _____

　_____

▲在工作的例子中，當員工從事新工作時，老闆使用電話提醒作為確實執行工作的方便方法，同樣的，他也可以使用 e-mail 達到目的。請列出三個使用電話提醒或 e-mail 提醒去確保接受者適時接到提醒的例子。

1. _____

　_____

2. _____

　_____

3. _____

　_____

▲大部分的人使用鬧鐘叫醒起床，許多手錶也有鬧鈴的功能。如果你希望你

十多歲的孩子能夠趕上校車，你可以要求他們把手錶鬧鈴設定在車子到家之前的二十分鐘。請列舉使用手錶鬧鈴提醒你希望產生行為的方法：

_____

_____

▲在家庭的例子裡，張太太仔細提醒珊珊有關新的方案，並在珊珊開始做作業之前告訴珊珊。起初，如果媽媽沒有提醒她，她也許會忘記新的方案，並且表現出不合作的態度。在變得心煩或不合作行為出現之後的提醒，比起經常引發她心煩的線索產生之前的提醒效果為差。這是要牢記的重要原則。當遇到頑固的舊習慣可能干擾你正在嘗試指導的行為時，及時的提醒特別有效。請舉出有關在失去控制之前如何使用提醒的三個例子。

1. _____

_____

2. _____

_____

3. _____

_____

▶原則二：選擇容易及時提醒的場所

原則二是原則一的延續。位置經常支配時機。例如，如果你在早晨需要打一個重要電話，而你起床後第一件事是去拿咖啡壺的話，那麼提醒你打電話的便條紙要放在咖啡壺的上面。把便條紙放在咖啡壺上面以確保提醒你能夠及時看到希望發生的行為。同樣的，如果吃中餐時固定的第一眼是冰箱的話，你也可以將提醒吃剩菜的紙條放在冰箱門上的把手，而不是貼在玄關的公告板上。這個方法確保你在準備其他食物當作午餐之前可以看到提醒。

在家中

　　在週末，李嘉夫婦喜歡晚起，但是，他們的兒子凱凱總是起得很早，也吵醒他的妹妹。他們的互動又吵醒了李嘉夫婦，使得他們失去享受賴床的時間。因此，李嘉夫婦決定使用回饋、稱讚和特別的家庭活動去增強凱凱，要求凱凱醒來後輕聲地在他的房間內遊戲直到他們醒來為止。為增進凱凱成功的機會，他們討論在早晨凱凱可以獨自做的事情，且放一個標語在妹妹的門上，提醒他不要吵醒她們。那個標語也提醒凱凱做到輕聲遊戲的積極結果。方案執行的第一天早上，凱凱輕聲地遊戲，沒有吵醒他的妹妹。當李嘉夫婦稱讚他能夠考慮別人的需要與感覺，尤其能夠享受額外的家庭活動時，他非常高興。

在社區

　　社區志工對於許多人在公園廣場買飲料之後把用過的紙杯亂丟甚感無奈。他們立了牌子要求人們幫忙把垃圾丟進垃圾桶，但是大量的垃圾仍舊亂丟在廣場上。為了讓會亂丟的人們可以看到提醒，他們要求販賣者將提醒印在紙杯上。他們發現這個策略對於使人們把紙杯丟進垃圾桶發生了很大的效果。

　　提醒的放置位置也可以被設計用於建立連鎖性行為。例如，垃圾的資源回收是最典型的例子，回收桶要放在垃圾桶的旁邊。這樣可以確保人們丟垃圾時能夠看到提醒，因為他們自己的行為使他們注意到緊鄰的位置。像這種簡單的創意常常是決定提醒成功與否的關鍵。

在工作情境

　　公司主管想要確實要求職員們開車時扣上安全帶。他嘗試著在他們周遭四處張貼紙條說明所有職員扣上安全帶是公司的政策，但只增加了一些效果。為使提醒效果更久、更確實，使所有職員均會去注意這件事，他在停車場的所有出口處貼上提醒扣緊安全帶的標誌。這個標誌簡潔具體地指出如果發生車禍又未扣上安全帶的後果。

▲下列問題是要幫助你思考，當你要使用提醒時，如何選擇最適當的位置。

1. 提醒一個人離開房間時要記得帶鑰匙的提醒語要放在何處？＿＿＿＿＿＿

如果你建議把鑰匙提醒語放在門把上，這個建議很好。如果打開門時需要舉起醒語牌則這個策略更有效。這個裝飾可以協助確保標準順序因人需要碰或移動醒語牌而打破。

2. 提醒穿越行人穿越道的行人注意車輛的提醒語要放在何處？＿＿＿＿＿

提醒最好的放置位置是放在跨出人行道邊緣之前可以看到的地方。大多數的人跨出人行道邊緣會不注意，因此，提醒可以塗在離人行道邊緣一英呎的街道上。

3. 提醒學生做減法作業時要如何重組的提醒語要放在什麼地方？＿＿＿＿＿

你現在也許有了點子，就是每當需要重組及需要刪掉左邊的數時，可以使用粗體字把提醒放在作業單的開頭，或是最初的一些問題上，使學生不致於漏看了提醒。雖然這個點子看起來很簡單，但是許多教師指導新的概念時，並沒有把提醒加在他們的作業單中。結果許多學生持續地錯誤下去。為了避免這些問題，使用提醒是一個很好的方法。

　　如同其他的方法一樣，適當的位置也很重要。例如，不好意思在他人面前做的行為，這些情況即要選擇較隱密的地方。

　　古柯鹼的使用與危險性行為和愛滋病的增加有很大的關聯，醫生治療古柯鹼使用者時會提醒古柯鹼使用者的安全性行為。其方法就是在診所放置保險套。一群醫生做了一個免費保險套放置位置的比較研究，發現放置在個人休息室被取走的量是放在公共等候區的四倍（Amass, Bickel, Higgins, Budney,

& Foerg, 1993）。

▶原則三：提醒必須是特殊的

特殊的提醒要具體而明確。當提醒不特殊時，會使人們去猜測我們希望他學習的行為。如同一般的原則，愈特殊就愈有效。下面的例子是使用特殊提醒的說明。

在社區

有時，高速公路工程師在農村的長上坡處設置雙車道作為超車之用，如此駕駛人可以超越慢速的車輛。幾年前他們使用要求慢速車輛靠右行駛的標誌，這些標誌沒有效果，因為每一個駕駛人在決定是否靠右行駛之前，必須先確定他的車輛是否比其他車輛慢。為了更有效地提醒，工程師改變提醒用語「除超車外行駛右車道」。這個提醒因為每一個駕駛人能很容易地決定是否要超車及反應而更有效。

其他特殊提醒的例子，「從此處開始慢行」指出你希望駕駛人開始慢行的位置，比起預告駕駛人在前方開始慢行的要求有效。

在學校

莫老師經常提醒他的一年級學生上課前要排隊，但是，他的學生仍舊排得亂糟糟。在閱讀了如何更有效地使用提醒的文章之後，莫老師決定製作更特殊的要求提醒，以替代口頭告知的方式，他提醒他們排好隊伍的四個原則，他把原則張貼在教室，同時不時提醒他們。因為很清楚地告訴了他的學生他期望他們去做的事，結果發現獲得更好的結果。

1. 當莫老師要求學生排隊時，你想他使用了什麼特殊提醒呢？

(1) _____

_____

(2) _____

_____

(3) _____

_____

(4) _____

_____

特殊的提醒也許包含不說話、眼看前方、不跑步以及不碰其他同學。

2. 當全家一起去購物時，舉出一些可以用於提醒幼兒做個好孩子的特殊提醒例子。

(1) _____

_____

(2) _____

_____

(3) _____

_____

好的原則如：跟在父母一隻手的距離內、不吼叫、不大聲說話、除非是被允許否則不碰觸商品等。

▶原則四：提醒應能引導行為

隨時使用提醒以引導你想建立的行為。這使人能夠更容易去學習你期望他學習的事情。

在學校

許多孩子學習寫字的時候，很難把字寫在線內。為了解決這個問題，可以使用凸起的格線提醒孩子把字寫在線內。粗線較能引導孩子停止，而且凸出的表面可以確保使他們停止。即使是非常普通的材料也可以被設計去解決困難或避免造成習慣性的錯誤。常用的其他提醒方法，例如：描繪用虛線構成的文字輪廓以避免錯誤，或是在書寫方向上增加箭頭，以提醒孩子正確地構成文字。

在臨床上

張醫生說「說ㄇㄨ」要求自閉症的孩子莉莉發出ㄇㄨ的聲音，因為莉莉已會說ㄨ的音，但始終做出不正確的反應。為了克服這個問題，張醫生使用提醒去引導正確的反應。當他要求莉莉說ㄇㄨ的時候，他溫柔地夾住莉莉的嘴唇而發出正確的聲音。然後，張醫生逐步撤除這個提醒，直到莉莉可以不必提醒也能夠正確發音為止。

▲如果張醫生要指導莉莉學習拍手，當要求「拍手」時，要怎樣使用提醒去引導拍手的行為呢？_____

一個好的提醒方法就是張醫生用雙手握住莉莉的雙手，然後一起拍手。

▶ 原則五：提醒應提醒行為的後果

提醒可以更有效地協助、激發人做到最好。通常，提醒可以作為包括讚美及其他增強物的積極增強方案的一部分。當提醒包含適當的後果提醒，它可以增進動機以提早方案的達成。因此，應提醒行為的後果，盡可能刺激人做到最好的程度。後面的例子說明提醒行為結果可以更有效地執行提醒。

在社區

一些研究者關切愛滋病患者的增加，而使用一個方案：分發免費保險套給同性戀者。免費保險套放在魚缸裡，旁邊放著教育手冊，當加上不安全的性行為可能導致的後果的提醒語之後，拿取保險套的人增加了 47%（Honnen & Kleinke, 1990）。

在學校

李老師希望他的學生們在每週五能夠清理他們的書桌，他設計了一個行為改變方案，如果每一個學生能夠在週五放學之前清理他們的書桌，週一可以獲得自由時間。為了確保學生們了解他所界定的清理書桌的條件，他在教室牆上張貼一張清理書桌的確認表，他告訴所有的學生，如果所有的書桌經他檢查通過的話，週一可以得到十五分鐘的自由時間，並告訴他們在確定清理完自己的書桌之後也要協助同儕。

▲增進行為時，為什麼提醒學生行為的結果是重要的呢？ _____

_____

▶ 原則六：增強提醒的反應

當有人對你的提醒做出反應時即給予稱讚及增強物是非常重要的關鍵。

提醒的目的是使行為發生以後提供增強該行為的機會。增強可以說是跟隨在選擇的行為之後或未來更可能發生的行為之後的結果。如果你不選擇想要增進的行為或不增強想要增進的行為，則行為不可能重複發生。增強行為的方法是每當行為發生時提供稱讚和肯定，這是常見卻非常有效的增強方式。其他增強物有食物、偏好活動、從事某項新事情或是比以前做得更好的成就感。當提醒協助某人成功地完成新事情或做得比以前更好，單單稱讚就可以成為很強烈的、很充分的增強物來增進行為。

▲為什麼增強由提醒所做出的反應行為是重要的呢？＿＿＿＿＿＿＿＿

＿＿＿＿＿＿＿＿＿＿＿＿＿＿＿＿＿＿＿＿＿＿＿＿＿＿＿＿＿＿＿

對於這個問題的好答案是增強行為可以增進行為重複發生。

提醒方式的類型

　　提醒的方式有口語、文字、圖畫、材料、模仿、肢體等六種。有時可以同時使用一個以上的類型去指導一個行為。實務工作者要知道如何結合六種提醒的功能，以增加它們的效果，這是非常重要的事。以下的說明要告訴你如何使用六種提醒，並提供練習以協助磨練你的技巧。

▶口語提醒和手勢提醒

　　除非想要有更有效地使用，口語提醒大概是各種提醒中最常被使用的，因為口語提醒是最容易且不需要準備的方式。有效使用語言提醒的關鍵是遵循前述的五個原則。下面要說明如何有效地使用口語提醒。

在家中

　　劉先生五歲兒子的傑明常在購物時不守規矩地亂跑亂叫。劉先生把每次

去購物時要緊跟在後、不亂跑亂叫的原則告訴傑明，同時告訴他若能遵守原則，則在購物之後可以享受他自己選擇的活動。若沒有遵守原則，則在回家後要做額外的家事。在下一次進入賣場購物之前，劉太太提醒傑明這個原則，並提醒傑明緊跟在後的正向後果和不跟在後的負面後果，傑明立刻不再亂跑亂叫，而緊跟在後，且小聲地說話。劉先生依照原則給予稱讚，並告訴他已經成長及會擔負責任。傑明偶爾會大聲說話，他的父親即把手指頭放在嘴唇，同時用溫柔但堅定的聲音提醒他有關約定的原則。傑明立即恢復到一般的說話音量，他的父親豎起拇指並輕拍他的背。成功地結束購物之後，劉太太稱讚兒子能敏察家人的需要，而且回家之後一起玩傑明所選擇的喜愛遊戲。

這是劉家在他們的情境中，運用所有適當的原則去製造提醒效果的例子。首先他們在進入賣場前適時提醒傑明，第二，他們提醒傑明遵守原則和不遵守原則的結果，第三，他們確實地增強因提醒所做的反應。劉先生也在傑明高聲說話時，用溫柔的聲音及手勢訊號提醒傑明要輕聲說話。這可以引導傑明做出放低音量的反應，同時被增強。

▲試述如何將提醒納入你指導孩子在你打電話時不要插嘴的方案中：

檢查你的回答是否包含下列的特徵。首先，你需要依照提醒去發展一個提醒的增強方案。第二，你需要解釋當某人在打電話時插嘴是不適當行為的理由，以及當某人打電話時應遵守的原則及其增強方案。步驟已確定，下次電話鈴響時，在拿起電話筒之前，要向孩子簡潔地提醒相關的原則及其結果。當孩子遵守原則時，可以用如微笑、點頭、豎起拇指等非口語的肢體語言去表示你的肯定。如果孩子開始不遵守原則，則你要把食指放在你的嘴唇上以及搖頭，如果孩子停止則給予微笑及肢體的肯定。這些做法要從一開始說電話至最後電話掛斷，要確定能夠提供稱讚和獎賞。

雖然口語提醒是對你身旁的人說話或耳語，它也可以使用無線麥克風和耳機，因此只有接收者可以聽到它。另外，也可以使用於不想讓其他同儕聽到提醒的時候。

在臨床上

Williams 博士帶領青少年發展遲緩的小組討論，他發現青少年雖然會跟輔導員互動，但當輔導員未出現時不會跟其他人互動，只是端正地坐著及小聲說話。為了打破這個模式，他給青少年一個耳機，利用耳機提供教學，指導他們在候客室等待輔導員時如何與同儕說話。Williams 博士首先提醒簡單的問候和互動模式。接收到提醒的青少年可以跟隨提醒產生許多與同儕的互動，因而可成為團體中受歡迎的人。Williams 博士也注意到接收到提醒的人獲得自信，他開始自由開放，產生他自己的非常適當的互動，幾次的教學以後就不需要提供提醒來刺激他與同儕之間的互動了。

雖然口語提醒經常需要出聲，但也可以如下例的默默地自我管理。

「他是許多白髮戰鬥團隊的老兵之一。發出強大且急速的呼嘯聲的彈射推進器，推動他的噴射戰鬥機，可怕的加速通過航空母艦的飛行甲板終端。但是，當時因為加速力道不足，導致飛機太慢而下墜，離開甲板一又二分之一秒後飛機落海。駕駛座被強力彈出之前僅僅看到座艙罩。數秒之後，一架直昇機從冷冽的海中救出駕駛員。」

「當晚，一位新的航空母艦駕駛員詢問長官：『事出那麼突然，要在何時決定彈出呢？』長官沉默了一下回答說：『我在十八年前就決定了。』駕駛員可以適時的做出反應，因為他預期突發事件終會發生，萬一事情發生，他準備了一個特殊的行動。十八年來，每次彈射時他就思考萬一不幸災害發生時他要做什麼？這個策略使他終於在不幸發生時獲救。事實上，那是可能性非常低的結果，但若沒有準備就會置人於死。這也是你開車時都要扣上安全帶的重要原因。就像一件保命夾克，你從不知道什麼時候會用得上，但是若沒有準備，當突發事件發生時就太晚了。」（Knauff, 1996, p. 15）。

▶文字提醒

如同口語提醒般，文字提醒也經常被使用，它包含提醒附註、操作指南、張貼注意、海報及記號。確認表單在改變行為上也是非常有效的方法。確認表單的提醒常用於管理者和人們建立核心力量。它也可以用在提醒人們指導腦傷者有關居家安全的技巧。

Kelly博士處理過腦傷者，腦傷者經常具有認知和行為方面的缺陷，這些缺陷會影響他們的生活。考迪是因機車事故造成腦傷的十八歲男性，有肢體和認知的缺陷。特別的是有短期的語言和非語言的記憶障礙。為了確保他的居家安全，製作了一張確認表單以提醒他確認和矯正家中的危險事物。結果考迪只需要接受一些使用確認表單的訓練，在使用確認表單以後，大部分的情況不需要接受特別的矯正訓練（O'Reilly, Green, & Braunling-McMorrow, 1990）。

雖然大部分的文字提醒很簡單且直接，但它也可以使用劇本的形式去提醒互動的持續。下面是治療師使用劇本程序去指導一個自閉症孩子開始與同儕會話的例子。

Sprance 博士和 Herman 博士在一項學校課程方案中與自閉症的十二歲女孩凱蒂合作。凱蒂具有模仿技能的損傷、嚴重的溝通障礙以及極微的學業、社交、休閒技能。凱蒂有時會做出自發性的要求，例如，我要餅乾、我要騎自行車等，但很少與其他孩子會話。教師們在日常課程中嘗試使用模仿及口語提醒，但這個策略沒有效果。

兩位心理學家知道教師們若要成功地指導凱蒂開始社交互動，他們需要嘗試新的策略。在藝術活動時，心理學家準備了用十項陳述和問題組成的劇目。劇目包括有關目前的、最近的、未來的事。劇本的項目例如：（名字），你今天要去外面（活動）嗎？（名字），你想要用我的（東西）嗎？每節課上課之前教師填好劇目空格，然後教師站在凱蒂的背後，要求凱蒂拿起她的鉛筆，指著一個劇目的陳述或問題，然後沿著課文向下移動她的鉛筆逐項做出反應，凱蒂也被用手的提醒去面對其他的小孩。一旦凱蒂回應提醒，她被暗示在表單項目的旁邊劃記，並退除手的引導及該劇目。

　　雖然劇本退除，但凱蒂開始對同儕做出非劇本的行為，例如，「咪咪，我可以用妳的水嗎？」甚至類化到新的情境。最重要的是在劇本退除之後，凱蒂持續在各種情境中與同儕會話（Krantz & McClannahan, 1993）。

　　海報和餐桌告示牌（站立在桌上的小標誌）能夠提醒人們做出令人滿意的行為，即使這個提醒的使用只增加 10% 或 15% 的人發生該行為，但這是一個接近眾人的非常有用的方法。

　　心臟疾病、惡性腫瘤的發生與高脂肪、低纖維的飲食愈來愈被認為有很大的關聯。研究者關心這個問題而發展了一個方案，提供給全國速食連鎖店去提醒顧客選擇高纖低脂的餐點，譬如，每餐都要加一盤沙拉。為了影響顧客去選擇沙拉，他們張貼了兩張色彩鮮豔的廣告，廣告詞是：「合適與健康；吃低脂沙拉作為你的餐食或增加副食沙拉」。寫著相同文字的卡片放在每一張餐桌上。他們也在點餐台旁放一張沙拉圖卡，及在入口處放了一張醒語「吃沙拉」。這個提醒策略使沙拉的銷售量增加了 10% 到 15%（Wagner & Winett, 1988）。

▲海報是花費不多卻能影響很多人的行為的方法。如何運用海報或標誌提醒行人：過馬路之前要高舉手臂，使駕駛人注意到他們將要穿越馬路？以及海報要放在什麼地方使期望達到最大的效果呢？_____

如果你的醒語是「警惕駕駛人：高舉手臂過馬路」，同時把醒語放在每個要穿越馬路的行人在開始穿越之前均會看到的人行穿越道上的話，你是正確的。在醒語上增加一個說明如何舉手的圖片（手心向外，完全伸直）或許更有效，因為一個圖形勝過十個文字。

▶圖畫提醒

　　圖畫提醒在指導和引導行為上非常有效。圖畫提醒包含實際的相片、圖

案和物體圖形。例如，圖畫提醒已被用於特殊需求孩子準備轉銜到新的活動，專家們指導父母使用相片的活動表單去增進孩子參與家庭的活動。

雷雷是一個七歲但發展只到兩歲的男孩，他被診斷為自閉症，並參與每天5.5小時的介入方案。雷雷的父母很難使他從一個活動轉換到另一個活動，當需要從事室外活動時，他經常發脾氣。治療師在介入方案中，協助指導雷雷針對圖畫提醒做出反應。首先，治療師拿出雷雷從事各項活動的相片，用活頁本加以整理。指導時，教師站在雷雷的後面，用口語及手勢提醒他去指一張相片，然後可以獲得該相片描述的材料，做完整個活動，收拾材料，回到相簿，翻下一頁（活頁本的好處是可以很容易安排各種活動的順序，以及加入新的活動）。治療師十分仔細使用雷雷在家的日常活動，例如，獲得點心、騎自行車、拿出玩具、收拾玩具。一旦雷雷學習到對圖片提醒做出反應，他的父母即被指導如何使用圖片表單。雷雷的父母非常高興所獲得的結果。雷雷所從事的適當活動從低於20%增加到80%。發怒幾乎只有在戶外活動時才發生，但用相片表單呈現活動的性質（如騎自行車vs.搭乘汽車）後就不再發生了（Krantz, MacDuff, & McClannahan, 1993）。

因為孩子特別喜歡看他們自己與他人的相片，也知道從事的熟悉活動，相片提醒在提醒他們的行為時特別有效。因此，指導幼兒或發展遲緩兒童，相片提醒跟隨於特定的結果之後特別有利。

▲如何指導五歲的小女孩依照所有的步驟清理她自己的房間呢？_____

答案是拿出孩子正確的從事結果的相片，由左而右地貼在圖表上。可以用一個帶有指向右邊的箭頭的綠色點作為暗示，以指導孩子首先從左邊的提醒開始。

圖案和圖片也可以用來提醒行為。例如，一個心形的圖案可以放在自助餐店或餐館的有益於健康的食物旁，以提醒顧客選擇健康的食物。心形圖案

也可以巧妙地提醒：選擇健康食物的結果是一顆健康的心臟。

　　使用栩栩如生的眼睛去建立行人注意看的行為是圖畫提醒的一個例子。這種圖畫提醒的優點是人很自然地會去跟隨他人的視線。這樣使人們更可能依所看到的提醒去反應。

　　圖畫提醒也可以用於指導學習障礙的孩子，他們學習數字或字母有困難，利用圖畫讓他們解決這些問題。

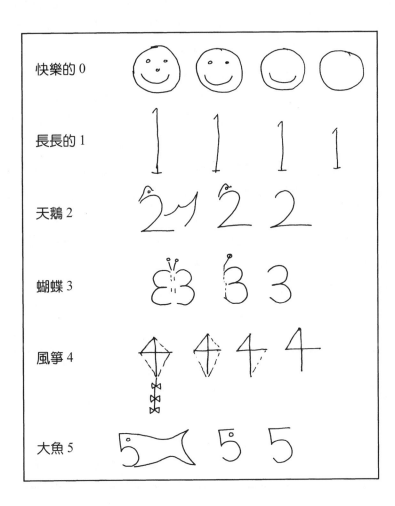

一些孩子即使對於兩個字的組合不會感到苦惱，但苦惱於如數字之類的符號刺激。一個研究者考慮到一年級的強強，一直無法確認0到9的數字，因為強強對於兩個字的連結（與不同文字配對的每一個數字或是轉換到一個文字圖形的每一個數字）並不會發生困難。例如，把0與快樂的臉結合而成為「快樂的0」，4與風箏結合而成「風箏4」。

強強學會說「快樂的0」、「長長的1」、「天鵝2」等等之後，他毫無困難地標出由圖畫提醒所構成的文字。然後退除圖畫暗示，最後強強被要求只說出數字。即使他在閃示卡的訓練中似乎未學習，但使用了這個方法之後，強強辨認數字的困難就消失了（Van Houten, 1994）。

圖畫提醒的其他形式如製作放置某物品的輪廓圖。這一類的提醒在指導某人要把物品放在適當的位置時非常有用。例如，可以使用放置墊，提醒放置盤子、碗、用具的位置。這些輪廓圖可以提醒孩子正確地放置每一個物品。學前教師使用玩具的輪廓圖指導孩子把玩具放在適當的位置。

楊太太發現她的學前孩子期望可以很快適當地收拾玩具，但經常忘記該放在什麼地方，因此總是放錯位置。楊太太決定使用輪廓圖的方法提醒將玩具放回適當的位置。首先，她從背後有黏著劑的塑膠材質的玩具圖沿著輪廓割下，然後放在架子上指出特定玩具的放置位置。她也把要放在容器的玩具圖片黏貼在容器外面。她證明了這些圖片提醒的使用，使得孩子很快地改善把玩具放在適當位置的行為。

▲一位父親擔心他十二歲及十三歲的兒子每次使用了他的工具之後不放回適當的位置，導致他要用時經常找不到。如何將圖畫提醒放入行為改變方案中呢？_____

_____

如果你說在工作室的木栓板上塗上各個工具的輪廓圖的話，你是正確的。

▶**材料提醒**

　　改變材料也可以引導使人們容易產生新行為。使用線條凸起的紙張可以使鉛筆停止、使用虛線去引導孩子學習仿寫文字，這些都是材料的提醒。一個類似的研究可以用來指導孩子繫鞋帶，就是在每一個鞋帶要形成彎曲的地方做記號。

　　另外的材料提醒方法如用來形成正確的握緊工具或娛樂用具，例如，網球拍、高爾夫球桿。訓練工具的目的是確保人們一開始即能正確地抓住工具而不會學到壞習慣。在電腦鍵盤上放兩個小小的凸點作為放食指的地方，當指導鍵盤輸入時提醒人把手指頭放在正確的鍵上面。

　　文字提醒可以放在材料的上頭去提醒某一個行為。例如，「慢慢地向後方舉起」的醒語可以貼在每次被使用的球桿上端，提醒打高爾夫球的人。

▲列出兩個指導或誘發行為的材料提醒的使用方法。

1. _____

2. _____

▶**模仿提醒**

　　模仿提醒是用在你展示或示範要某人去嘗試的行為。有時候有利於展示強調重要的行為觀點，因此可以收到提醒而可以更容易地獲得技能。例如，你指導揮桿時使用堅定的聲音強調隨球動作，或是矯正不適當的行為。

　　使用模仿提醒時，常用的一種方法是示範正確和不正確的行為，使人看出其差異。當使用這種模仿提醒時，經常故意誇大其差異。

　　模仿提醒經常被用於指導運動的技巧，像是，高爾夫、飛行、網球和滑雪等。例如，滑雪教練指導短斜坡滑降時，經常在揮動他的桿子讓學生跟隨的訊號之前，特別示範一個滑下斜坡的動作。另外，模仿提醒也能夠用於父

母指導他們的孩子學習新的技能及教師指導學生的學業技能。在下面的例子，教師使用模仿提醒完美地指導他的班級學生做減法。

　　每年，Axelrod老師指導他的四年級學生如何做包含借入和重組的減法。在過去的幾年，他發現一些學習障礙學生所發生的錯誤會延續到畢業。他計劃採取各種不同的嘗試，一旦確認了學生有問題，他告訴他們要等到他抽出時間來做個別指導之後才開始做作業。然後他會走到各個學生的桌邊，做一個示範問題給他們參考。這個示範程序每天重複，為期一週，直到行為確實建立為止。Axelrod老師發現這個程序對減少錯誤非常的有效，且孩子們持續正確地做問題到學年假期（Smith & Lovitt, 1975）。

　　模仿提醒也可以用於要求人們準備工作。例如，一個好的工頭要他的雇工開始從卡車上卸下一個或兩個箱子的同時，透過模仿提醒協助他的雇工開始，他以團隊的一員開始做給他們看，以增進他們立即的反應。相似的策略可以用在父母要求孩子收拾自己的房間，要求的同時，他們也示範收拾一些玩具給孩子看。

▲如何使用模仿提醒指導孩子與其他的孩子分享？＿＿＿＿＿＿＿＿＿

使用模仿提醒指導分享，首先要選擇幾個特殊分享的例子（如：分享、輪流玩玩具），以及示範各個行為，同時，在觀察之後要求孩子去嘗試。要注意的是當孩子模仿你所示範的行為時要記得加以稱讚。

　　當使用模仿提醒時要留意一個容易犯的錯誤，你必須知道你要如何做才能清楚地示範讓孩子跟隨。有時候要協助孩子用慢動作嘗試該行為，使其感受到每一個動作的構成成分。這個練習將協助你去確認想要強調的成分。

▲如果要指導一位有障礙的男孩學習使用支架走路，首先你要很了解走路的
分解動作。你要用什麼作為第一步呢？＿＿＿＿＿＿＿＿＿＿＿＿＿＿＿＿＿
＿＿＿＿＿＿＿＿＿＿＿＿＿＿＿＿＿＿＿＿＿＿＿＿＿＿＿＿＿＿＿＿＿＿

▲現在用慢動作走一步，再次回答問題：＿＿＿＿＿＿＿＿＿＿＿＿＿＿＿＿
＿＿＿＿＿＿＿＿＿＿＿＿＿＿＿＿＿＿＿＿＿＿＿＿＿＿＿＿＿＿＿＿＿＿

可能你沒有注意到，嘗試慢動作中的第一步之後，為了舉起腳，你必須轉移
你身體的重量。

▶肢體提醒

　　另外的提醒方法是用肢體的協助使人做出正確的反應。網球教練也許會
將他的手放在練習者的手上，以說明一個適當的反手拍；老師也許將孩子的
手指頭放在正確的位置，讓孩子正確地握住鉛筆。有時候教師或父母會引導
孩子的手畫畫、寫字或投球。指導新行為時，若材料提醒或模仿提醒證明無
效的話，肢體提醒是一般的、適當的方法。

　　在前面所呈現的幾個例子，顯示治療師能夠提醒不同語言聲音的構成。
在治療師開始指導之前，必須先碰觸孩子的嘴的周邊使孩子適應。切記！這
非常的重要。如果沒有先加以減敏，則孩子幾乎無法合作而會奮力掙扎。

　　對於發展障礙的兒童，在從事運動模仿的指導時，手或肢體的協助已經
證明是有效的。運動模仿要參照某人的運動動作並加以反覆仿做。這是特別
重要的技能，因為它是許多社會化學習的基礎。在這個方法中孩子學習玩玩
具、穿衣服、操作電視，只有一些例子需要命名。指導孩子運動模仿時，示
範說：「這樣做」，同時示範讓孩子仿做動作，例如按門鈴、拍手。示範動
作之後抓著孩子的手及提醒協助孩子按門鈴或拍他的手，透過各種工作的反
覆練習，孩子終於學習到如何模仿任何運動行為。

▲使用手勢提醒操作孩子的嘴唇周邊之前，你可以做什麼呢？_____

_____

如果你回答：使孩子的嘴唇四周習慣被碰觸的話，那是正確的。

 如何撤離提醒

　　一旦使用提醒來引導行為之後，有時候必須停止提醒。停止提醒之前，有個必要的工作，就是必須確定所希望引導或控制之自然刺激的控制之下行為已經形成。

　　下面是可以用於撤離提醒的四個基本策略：

1. 一旦你覺得不再需要提醒，你可以嘗試突然停止提醒。這個策略最簡單而有效。

2. 你可以減少提醒的強度。（例如，口語提醒更柔細到幾乎聽不到、圖畫提醒可以模糊到幾乎看不見。透過尋找我的左拇指上的紅色記號，我學習到用我的右邊教導孩子認識左邊。然後逐步的使記號消失，但是我仍然能夠以我的右邊作為左邊來教導孩子認識左右邊。）

3. 你可以逐步移除提醒的一部分。例如，口語提醒中可以逐步移除一些字，直到所有的字完全移除為止。圖片提醒可以一次移除一小部分。在指導孩子認識數字的例子中，可以透過在數字中插入某個東西，例如，在一個快樂的臉上，可以先移除嘴和眼睛，然後鼻子，最後眼睛。文字提醒可以一次移除一個字。教師誘發自閉症小女孩的社會化行為時可以逐步撤離提醒的項目。

4. 也可以提供間歇性的提醒，且間隔時間逐步增長，直到可以完全撤離為止。

▲舉出四個撤離提醒的策略。

1. _____

2. _____

3. _____

4. _____

結語

　　本章已經說明如何使用提醒誘發你想要自己或別人建立的行為。例子選自於典型的多樣化情境和透過提醒的使用而容易發生的行為。透過提醒的使用使之容易發生的行為可以加以列表。但是，如果要有效地使用提醒，就要依照本章所呈現的規則。當你嘗試改變行為時，試著使用提醒策略，並檢查是否依照本章所呈現的規則。

參考文獻與延伸閱讀

Amass, L., Bickel, W. K., Higgins, S. T., Budney, A. J., & Foerg, F. E. (1993). The taking of free condoms in a drug abuse treatment clinic: The effects of location and posters. *American Journal of Public Health, 83,* 1466–1468.

Hall, R. V., & Hall, M. L. (1998). *How to use systematic attention and approval.* Austin, TX: PRO-ED.

Honnen, T. J., & Kleinke, C. L. (1990). Prompting bar patrons with signs to take free condoms. *Journal of Applied Behavior Analysis, 23,* 215–217.

Kazdin, A. E. (1994). *Behavior modification in applied settings* (5th ed.). Belmont, CA: Brooks/Cole.

Knauff, T. (1996). When are you most at risk? Part 2—Premature termination of the tow. *Free Flight, 3,* 15.

Krantz, P. J., MacDuff, M. T., & McClannahan, L. E. (1993). Programming participation in family activities for children with autism: Parents' use of photographic activity schedules. *Journal of Applied Behavior Analysis, 26,* 137–138.

Krantz, P., & McClannahan, L. E. (1993). Teaching children with autism to initiate to peers: Effects of a script-fading procedure. *Journal of Applied Behavior Analysis, 26,* 121–132.

Malenfant, L., & Van Houten, R. (1989). Increasing the percentage of drivers yielding to pedestrians in three Canadian cities with a multifaceted safety program. *Health Education Research, 5,* 274–279.

O'Reilly, M. F., Green, G., & Braunling-McMorrow, D. (1990). Self-administered written prompts to teach home accident prevention skills to adults with brain injuries. *Journal of Applied Behavior Analysis, 23,* 431–446.

Smith, D. D., & Lovitt T. C. (1975). The use of modelling techniques to influence the acquisition of computational arithmetic skills in learning-disabled children. In E. Ramp & G. Semb (Eds.), *Behavior Analysis: Areas of Research and Application.* Englewood Cliffs, NJ: Prentice-Hall.

Van Houten, R. (1994). Teaching children with learning problems. In R. Gardner, D. Sainato, J. Cooper, T. E. Heron, W. L. Heward, J. Eshleman, & T. A. Grossi (Eds.), *Behavior analysis in education: Focus on measurably superior instruction* (pp. 199–211). Belmont, CA: Brooks/Cole.

Van Houten, R., Malenfant, L., & Rolider, A. (1985). Increasing driver yielding and pedestrian signalling through the use of feedback, prompting and enforcement procedures. *Journal of Applied Behavior Analysis, 18,* 103–115.

Van Houten, R., & Sullivan, K. (1975). Effects of an audio cueing system on the rate of teacher praise. *Journal of Applied Behavior Analysis, 8,* 197–201.

Van Houten, R., Retting, R., Van Houten, V., Farmer, C., & Malenfant, J. E. L. (1998). *Use of animation in LED pedestrian signals to improve pedestrian safety.* Paper to be presented at the Transportation Research Board annual meeting.

Wagner, J. L., & Winett, R. A. (1988). Prompting one low-fat, high fibre selection in a fast food restaurant. *Journal of Applied Behavior Analysis, 21,* 179–185.

如何讓孩子朝我們期望的方向發展？

——系統性注意與讚賞的應用

R. V. Hall & M. L. Hall◎著
蔡崇建、王宣惠◎譯

引言

　　在我們的生活與工作世界裡，每一個人都渴望在工作當中隨時受到別人的肯定與激勵；也期望時時承受別人的注意與讚賞，而讓自己有更好的行為表現。在日常生活及工作活動當中，這些正向的回饋，不僅有助於人際間的良好互動，也有利於生活內涵的良性滋長及工作品質的提昇。

　　長久以來，這些隨處發生的「社會性增強」已被視為一種激發他人潛能最好的方法。Dale Carnegie（卡內基創辦人）及 Norman Vincent Peale（美國積極思考法暢銷作家）便皆為以「社會性增強」或「系統性注意與讚賞」（systematic attention and approval）贏得友誼並影響眾人的著名成功人士。

　　成功的銷售業務員、深具影響力的領導者，以及許多備受同儕歡迎的人，通常也必然善於運用社會性增強。有些人似乎與生俱來且本能地應用這些技巧，但並非所有人都如此幸運或天生機伶。不過，行為研究

已經證明且下定論，一般人經過學習一套「系統性注意與讚賞」的應用方式，顯示「社會性增強」幾乎每個人都可以善加運用並且影響巨大。

本篇提供一套如何運用「系統性注意與讚賞」方案，除了提供相關知識訊息外，並設計實際練習的活動，冀藉此幫助一般教師、治療師及訓練者、或是家長，能更有技巧地運用此種有效又有力的行為技巧。

 ## 如何成為較有效的動因

誠如前述，每個人都渴望能在別人的激勵下，在生活及工作當中發揮個人最大潛能。另一方面，為人父母的往往也想找到最好的、最有效的方法，使孩子養成良好的生活習慣，並使家人關係和諧；學校老師和職場老闆則希望能激發學生或員工有更傑出的表現，並熱愛他們的學業或工作。

本章將幫助讀者了解並有效運用各種注意（attention）與讚賞（approval）的技巧，以使生活周遭之人或同事的行為表現，合乎你的期望。同時，在激發這些人的行為表現之際，也給自己正向的回饋，使自己了解在社會性技巧上的學習成效。

本章呈現的技巧，皆植基於近年來在真實生活環境事件一些重要且有效的研究。其中，大多數的研究都由家長、教師、雇主，以及對行為理論研究有興趣的學者專家所進行。因此，本篇的主要特色，除了提供知識層面的訊息外，也給予讀者實際練習的機會，這對讀者如何運用「注意」與「讚賞」來激發別人的潛能，相信很有助益。在學習的過程中，有賴讀者的努力，但相信各位的努力一定值回票價。

近年來心理學家已深刻體認「注意」的力量影響深遠，這種技巧若使用得當，將有助於父母與子女、教師與學生、老闆與屬下，以及親友之間人際關係的良性滋長及工作績效的提昇。

本篇的各項練習皆可獨自使用，但若由具有行為管理背景或「系統性注意與讚賞」經驗者的督導，一般認為運用成效必然更佳。有組織、有系統的方案運作，將會引領大家產生更豐富的回饋、討論、注意與激勵，因此在課堂、研究討論時，或團體工作會議中大家一起運用，分享心得，將是最理想

的狀態。

讀完本篇，當你學會實際運用激勵他人的行為技巧之餘，別人對你的作為有了正向回饋時，那份成就與滿足的喜悅，相信將令你無可言喻。

 ## 何謂系統性的注意與讚賞

對幼童而言

喬喬是個右腿戴著矯正架的四歲女生，在她上的學前特殊班級裡，老師們千方百計地哄她爬遊戲場上的攀爬架、騎三輪車，以及其他醫師與治療師建議可以增強她肌力的活動。不幸的是，喬喬總是固執地拒絕參與團體活動。

後來，老師試著不理會喬喬，除非喬喬靠近攀架或三輪車；當喬喬出現這些行為時，此時老師就興奮地喊：「你看喬喬！她要騎了！」或「你看！喬喬要開始爬了！」短短三天的功夫，喬喬花掉幾乎所有的戶外遊戲時間騎三輪車或攀爬，一週之後，有一天當媽媽來接她時，媽媽看見她不但坐在攀架頂上，更讓人驚訝的是她放開雙手跟媽媽叫道：「媽媽妳看！沒有用手！」數週之後，醫師及治療師都指出喬喬的肌肉力量和行動能力皆已大幅提昇（Hall, 1966）。

在學校

小羅是就讀於某市區國小的小男生。他的班導陳老師認為他是一個聰明的孩子，可是他每次考試總不及格，而且是班上最調皮搗蛋的學生。陳老師經常責罵他的惡劣行為並且要他放學後回家好好做功課，但是他卻老把老師的話當成耳邊風，不理不睬。後來，陳老師嘗試開始去注意小羅，當小羅安靜下來看書時，雖然只是短短一兩分鐘的時間，陳老師都會走到他桌旁，將手放在他的肩膀上，給他一些稱讚。

就這樣，小羅漸漸地自己唸起書來。當他不專心唸書時，陳老師就故意儘量不去注意他，經過一段時間觀察，讓陳老師覺得驚喜的是——小羅一次比一次更加用功了（當學期結束時，小羅的成績都在中等以上——這是他進

學校以來最好的表現）。此後，當小羅用功時，陳老師就會習慣地注意他，而小羅也不再調皮搗蛋，相反地，他成為一個用功的乖學生，任何人見了都會驚喜於他的改變（Hall, Lund, & Jackson, 1968）。

在工作上

一位大型工廠的經理，相當關心員工生產的電子零件品檢不合格的情形。一開始他以責難的方式，斥責那些產品不合格率在某一定比率之上的員工，結果員工製造出來的產品，也僅僅達到最低或甚至低於最低限度的要求。於是，他做了調整，也就是當員工做出來的產品水準超過最低水準時，他就給予有系統的正向回饋；不久之後，產品不合格率戲劇性地降低了，他的員工也開始為達成100%的產品合格率而努力（Kempen, 1977）。

以上三則實例，具體說明了運用系統性的注意與讚賞，以助長他人表現適當行為的成效。一般人在日常生活中，是否注意與讚賞別人，常是影響別人在家庭、學校，及工作中行為表現的重要因素。不幸的是，許多人常不經意地疏忽對別人的注意與讚賞——尤有甚者，有些人反而把注意力放在一些不良行為上。

 系統性注意的練習

當一個人照你所期望的去做事時，你給予適當的關注與讚賞，並表現出你對他所作所為感到興趣，且在動作上刻意接近他或是在口語上表示激勵的話，通常會對他的行為產生增強的效果。

以下幾項簡單的練習，主要是設計來測量你的注意與讚賞，如何對別人的行為產生立即的影響。

通常一開始時，須以稍具系統性的方式來運用你的「注意」，這是第一步，也就是以一種較正向的方式來激勵他人。

為使你能觀察到系統性的注意與讚賞對別人的影響，請選擇一項或多項練習做做，然後在空白欄上敘述你的答案以了解你努力的結果如何。

 練習一：運用注意以促成兒童轉換場所

- 這項練習可用在一或多個小孩同時在場之時。

- 觀察正在某一毫無拘束的場所玩耍的小孩（例如：在家裡、在院子裡，或在遊戲場所中）。

- 選擇某一特殊角落，例如：家中的客廳、後院的鞦韆上，或遊戲場所的一角。

- 藉由下列一些動作，嘗試增加孩子停留在某一特殊角落的時間：

  1. 引導孩子前往該角落。

  2. 在孩子靠往角落時，儘量與他們說話。

  3. 在該角落裡，與孩子保持眼神接觸或注視遊戲行為。

  4. 在該角落裡，無論孩子做出任何舉止，都給予一些意見或鼓勵的話。

  5. 在你給予意見時，偶爾摸摸孩子（如果這樣做方便的話）。

  6. 假若適當，可以參與孩子的活動。

  7. 問問孩子他們在做些什麼。

▲在你所選擇的角落裡，孩子是否待了較長的時間沒有離開？　是□　否□

▲你是否對此結果感到訝異？　是□　否□

▲你是否花很長的時間才讓孩子在你所選的場所待久一些？　是□　否□
　為進一步觀察你的注意能力如何，請試著移動至某一角落（如房間、院子、遊戲場所的一角），並注意任何跟隨你至該角落的孩子。

▲請問你花了多久時間增加到新角落的孩子數量？____分鐘？____秒鐘？

練習二：運用注意以增加某人做某事的時間

觀察你的孩子、你的另一半、朋友、同事、上司或員工，這些人通常花了一些時間在彈奏樂器、在你桌邊停下來找你聊天，或站在飲水機旁沖咖啡或泡茶等等。現在，藉著下列一種或多種方法，試著增加他們停留在你身旁的時間：

1. 注意時間。

2. 望著他們（眼神接觸）。

3. 當他們在做上述事情時，和他們保持接近。

4. 保持微笑。

5. 對他們說的話提出一些意見。

6. 當他們陳述看法時，請他們說得更仔細一些。

7. 向他們提出一些問題以製造話題。

8. 對他們的所作所為表示讚許。

9. 注意時間。

▲請敘述你能否增加他們在你身旁活動的時間：＿＿＿＿＿＿＿＿＿＿

＿＿＿＿＿＿＿＿＿＿＿＿＿＿＿＿＿＿＿＿＿＿＿＿＿＿＿＿＿＿＿

▲與往常比較，他們增加多少時間與你互動？＿＿＿＿＿＿＿＿＿＿

＿＿＿＿＿＿＿＿＿＿＿＿＿＿＿＿＿＿＿＿＿＿＿＿＿＿＿＿＿＿＿

你是否對此結果感到訝異？　是□　否□

練習三：對初識之人運用注意及讚賞

● 找一位平常很少交談的人，說一些讚賞、鼓勵的話。例如：餐廳侍者、隸屬不同部門的同事、親戚、鄰居、孩子或另一半的朋友。

● 下次再見到這些人時，練習對他們運用你的注意（眼神接觸、提出問題

等）與讚賞（給予意見、點頭微笑）。

請敘述你練習後的結果。

▲請問你與他人互動的品質是否不同以往？　是□　否□

▲如果是，有何不同？_____

_____

實際演練

　　經由上述練習，你已經觀察到「注意」對他人行為的影響，此時亦應對所謂「系統性的注意與讚賞」具備一定程度的清楚概念。事實上它指的正是一種以系統性的方式給予他人注意與讚賞，促使對方表現你所期望行為的過程。現在你可以開始嘗試以系統性的注意與讚賞來對待某個特定對象，以增加他表現出你所期望的行為；當然，一開始你必須先充分了解什麼是系統性注意與讚賞。

▲請用你自己的話，寫下（或說出）什麼是「系統性注意與讚賞」及其作用：

「系統性注意與讚賞」是什麼：_____

_____

系統性注意與讚賞的作用：_____

_____

假如你說，所謂「系統性的注意與讚賞」就是去關注一個人，藉由意見提供、眼神接觸、觸摸或口頭讚美等方式來增進某人做出你所期望的行為，表示你對此已經具備正確的概念。

▲請描述一件發生在你身上，或你曾遇見過在注意與讚賞下表現適當行為的事情：_____

_____

▲請描述一件你經歷過，或曾看過的一件你認為是某人以注意及讚賞的方式，
來增進你或他人行為的事情：_____

_____

你可以與你的同事或專業人員討論你對此的經驗與回應。

運用「系統性注意與讚賞」，看起來就像是簡單常識，然而實際上，要開始棄絕喋喋不休的嘮叨與訓斥責罵的習慣，卻是十分困難的一件事，許多人慣於給予他人負向的回饋與譴責，積習難改。另外，一個人或許在某些特定情況下能運用注意與讚賞（例如：你招待朋友來家中晚餐），但卻未必能同樣運用這種技巧在其他情境及其他人身上（例如：兒女或職員），這是我們必須牢記於心並時時警惕自己的。

基本步驟

現在，基本上你已經了解系統性注意與讚賞如何影響他人改變行為。接下來，你要學習的是增進某些特殊行為的基本步驟。

▶步驟一：界定或明確指出必須改變的行為

運用「系統性注意與讚賞」的第一個步驟，便是明確界定出你想要改變的行為。因為這個過程是設計用來增進、強化特定行為的，所以必須精確指出所要強化的一項或多項行為為何，而非一味地描述所要減少的負向行為。這個步驟有時難以做到，因為那些激怒、困擾我們的問題行為，通常要比我們想要增強的行為來得顯眼。

在某些情況中，你可藉著負向行為的減少，清楚看見期待行為的增加結果。

另一個造成行為難以明確界定的因素，在於大多數人對行為的操作性定義沒有經驗，以致經常做出錯誤的描述。他們經常做出如此的描述：「傑米從不安靜地玩」或「艾莉森從未準時做完功課，除非有人在後面督促叮嚀」或「吉姆的功課總是做得很草率」。然而，當我們再仔細檢視這些行為時，

常會發現這些描述實際上並不完整，也不正確。

一個好的定義可以告訴我們人、事、時、地——是誰的、何種行為要改變？何時發生？何地出現？

何太太為四歲大的兒子杰倫從不自己玩而頭痛。他經常礙手礙腳地浪費她許多時間。好好做一頓晚飯對何太太來說就像天方夜譚，因為杰倫老是喜歡纏著她。她也曾經試圖在做飯的時候找玩具讓杰倫在自己的房間玩或做其他活動，但不一會兒，杰倫又會出現在廚房裡打擾她的工作，又哭又鬧使她無法專心準備晚餐。何太太曾經試著用打罵的方式教訓杰倫，但效果不大，因為轉個身的瞬間，杰倫又會回到廚房搗蛋。

當何太太被問及她所要改變的行為如何界定時，她起先表示要改變「杰倫在她做飯時，跑進廚房嚷著要東西吃的哭鬧行為」；然而，在協助之下，何太太釐清了更特殊化的行為，即「當她做飯時，杰倫能安安靜靜待在房間、客廳或院子裡至少玩上三十分鐘，而不打擾她的工作」。何太太明白，就其目前狀況而言，對這個小小要求已是極大的改善了。

何太太選擇了一個好的定義，因為在此定義中，呈現了人、事、時、地等要素。「杰倫」就是人，「至少安靜地玩三十分鐘而不打擾媽媽」就是什麼事，「在房間、客廳或院子裡」就是何地，而「當她正在做飯時」則是何時。

練習明確指出必須改變的行為

請就下列狀況，明確指出何者可能是標的行為。

某一位經理非常關切他兩位專櫃小姐的工作情形，因為她們總是比其他人晚一步招呼客人。經理不只一次看到客人走近專櫃卻做不成生意的情形，因為兩個小姐經常在閒聊，或者互相推諉等待對方去招呼客人，使得客人總是在光臨之後又再度離開。經理曾經為此責怪她們，但他發現員工的改善非但非常微小，甚至會開始躲避他。這位經理無意炒她們魷魚，因為只要她們跟客人接觸，她們都能影響顧客消費，更何況他手下職員的流動率又很高。他心裡明白必須找出對策，現在這位經理該從何下手？

▲請描述出這位經理應該明確指出並設法改變的行為為何。

誰？＿＿＿＿＿＿＿＿＿＿＿＿＿＿＿＿＿＿＿＿＿＿＿＿＿＿＿＿＿＿

什麼行為？＿＿＿＿＿＿＿＿＿＿＿＿＿＿＿＿＿＿＿＿＿＿＿＿＿＿＿＿

什麼時候？＿＿＿＿＿＿＿＿＿＿＿＿＿＿＿＿＿＿＿＿＿＿＿＿＿＿＿＿

什麼地方？＿＿＿＿＿＿＿＿＿＿＿＿＿＿＿＿＿＿＿＿＿＿＿＿＿＿＿＿

▲你是否把注意力集中在所要增進的行為上了？例如：當客人走近專櫃時，
專櫃小姐要在一分鐘之內招呼客人說：「我馬上為您服務」。

是□　否□

假如你的答案是「是」，那麼恭喜你！你已經抓住要點了！假如你注意的
焦點在於非必要的行為上，請你再試試看！

▲你是否回答了諸如「誰」、「何事」、「何時」、「何地」等問題了呢？

是□　否□

在界定你的目標之前，請你確定行為問題的焦點。

運用行為標記

　　有時候，我們會聽到別人說，他們對「惡劣的態度」、「侵犯性的行
為」、「敵對行為」傷透腦筋，不幸的是，這些描述都太過負向、太過泛泛，
無法明確指出適當的行為為何。倘若你一開始使用這類行為標記的念頭，請
試著改變一下，把焦點放在你想要增進、強化的特殊行為上。

▲請描述你所想改變的某人的行為是什麼（請試著去找一個你認為第一次嘗
試就可能成功的對象）。

誰？＿＿＿＿＿＿＿＿＿＿＿＿＿＿＿＿＿＿＿＿＿＿＿＿＿＿＿＿＿＿

什麼行為？＿＿＿＿＿＿＿＿＿＿＿＿＿＿＿＿＿＿＿＿＿＿＿＿＿＿＿＿

什麼時候？＿＿＿＿＿＿＿＿＿＿＿＿＿＿＿＿＿＿＿＿＿＿＿

什麼地方？＿＿＿＿＿＿＿＿＿＿＿＿＿＿＿＿＿＿＿＿＿＿＿

▲請你與一起進行此一行為改變計畫中的同事一同檢查你的答案，你是否已精確描述出你所想改變的行為為何？　是□　否□

假如你們兩人都同意該行為的定義已臻完善的話，請在這裡的□打勾。假如還沒達成目標的話，請繼續進行你的行為界定，直到能在此打上勾為止。

▶步驟二：行為的計數

　　第二個重要的步驟是，針對你所想要改變的行為，找到一種測量計數方法。因為：

1. 它將在未來幫助你了解，該行為是否真的有所改變。

2. 你可能會發現，你所要改善的行為並不如你原先所想的那麼令人苦惱。

　　有時候，當你靜下心來仔細觀察行為時，你可能會改變原定的方向，或甚至發現該行為實際上並不如你原先所想的那麼嚴重。舉例來說，青少年的父母親可能很擔心他們與兒子之間的爭執，然而，當他們開始記錄每一次的爭執行為，他們可能會發現與兒子爭執的情況兩個禮拜才會發生一次，問題並不如他們所想的那麼嚴重（L. Cyrier, personal communication, April 1989）；因此，假使有類似情況發生，更好的方式是找出一個良好的行為，並針對目標增進、強化它。

　　請記住，要把正向行為當作標的。然而，要測量你的技巧是否成功，最簡單的方法也許是負向行為的測量。比方說，也許你打算增加某人不打架的行為，但你辨識策略是否奏效最簡單的方式，卻是看看某人打架的次數是否減少。

測量行為的結果

　　同一種行為有許多種測量的方式，你可以藉著查看結果，以獲知某種行

為是否已經發生。父母親可以藉著檢查孩子是否已將垃圾清理乾淨、床鋪是否鋪好、碗盤是否清洗乾淨,來判斷孩子是否做好家事;老闆可以藉著檢驗某個產品,以確定職員是否完成工作;老師則可憑藉檢核表,看看學生是否已經把數學作業中錯誤的地方訂正完畢。

在下面的例子中,母親追蹤孩子是否收拾了自己的房間。她的方法是在日曆上做記錄,記下每天孩子上床睡覺後留在玩具箱外頭的玩具,或沒收到衣櫃裡的衣服數目:

星期日	星期一	星期二	星期三	星期四	星期五	星期六
14	10	24	5	11	16	12

行為的計次

有些行為很容易用紙筆劃記,比如發脾氣、準時、說謝謝及適時答話。下面的例子,是老師用紙筆劃記學生在課堂討論時自動舉手發言的次數。

星期一	星期二	星期三	星期四	星期五
|||	卅	||	卅		||||

測量行為是否發生於某段時間

有時候,記錄一項行為是否在某段時間中出現是最簡單的方式。舉例來說,某公司職員追蹤她的主管每天上午及下午是否對她說些讚美的話。

	星期一	星期二	星期三	星期四	星期五	
上午	＋	－	＋	－	－	＋:有
下午	－	－	－	－	＋	－:無

行為的百分比

某些行為最好以發生的百分比測量較為恰當。隨著時間不同，某項行為被要求的次數也不一樣，這時便應以行為發生的百分比來記錄表示之。

例如，父母可能要求孩子做某件事，第一天做四次，第二天做六次，第三天做五次。父母可以記錄孩子每天完成工作的次數，假使孩子第一天做了四次中的兩次，第二天做了六次中的三次，第三天做了五次中的四次，第四天做了五次中的兩次，孩子每天行為的百分比可以如下表計算。

日期	星期一	星期二	星期三	星期四
次數	2/4	3/6	4/5	2/5
百分比	50%	50%	80%	40%

假如一個電焊工人在一週五個工作天裡分別正確焊了：七次中的一次、八次中的兩次、十次中的三次、五次中的兩次、十四次中的一次，則這位員工的工作結果可以被老闆記錄如下表。

日期	星期一	星期二	星期三	星期四	星期五
次數	1/7	2/8	3/10	2/5	1/14
百分比	14%	25%	30%	40%	7%

記錄行為的時間

有些行為以時間長短來記錄較為恰當。例如，父母記錄兒子每天在課業上花費的時間、女兒花在穿衣服上的時間，或公司職員花在上洗手間的滯留時間。

以下是一位老闆追蹤其職員完成某項例行工作所花費時間的例子。

星期一	星期二	星期三	星期四	星期五
20 分鐘	25 分鐘	2 小時 3 分鐘	28 分鐘	58 分鐘

評量過程的選擇

▲請描述你如何評量計劃改變的行為程度。請記住,其目的是為了使你在試圖改變該行為前,能對該行為的程度有個概念:＿＿＿＿＿＿＿＿＿＿＿＿＿＿＿＿＿＿＿

行為的記錄

你可能一直在紙張、日曆或其他地方劃記,不過,也請你使用類似下表的模式,做長久性的記錄。

日期或時段	1	2	3	4	5	6	7	8
行為程度								

當你對某項行為已有足夠的資料後,請定義你所要求的一般行為標準為何。

▲一般說來,該一行為發生的次數平均應為:＿＿＿＿＿＿＿＿＿＿＿＿＿＿＿＿

行為的圖表記錄

　　圖表記錄可提供我們清楚的視覺訊息,我們可彈性選擇繪製。例如,前述例子中計算孩子上床後未收拾玩具與衣服數量的母親,繪了下圖。

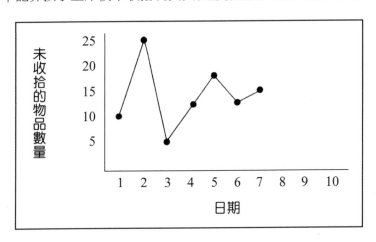

　　某公司職員繪製了一張主管是否每天對她說些讚美的情形。

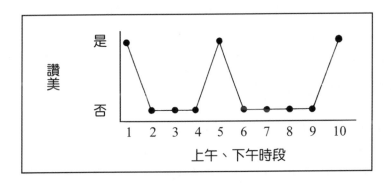

練習行為圖表的繪製

　　在本章最後的參考文獻之前,我們檢附一份概略資料表,每個人都可以使用此表格以針對標的行為清楚做出視覺的呈現。縱軸表示行為的程度,橫軸則

表示時間的延伸。

藉著觀察每個時間點或時段的行為，將你測量的行為繪製成圖表。在你開始嘗試改變行為之前的記錄線，我們稱之為基準線；假如你不確定要怎麼做，你可以詢問你的指導者如何畫線製圖。

▶步驟三：行為目標的設定

一旦你對計劃改變的行為程度完成評量工作，最好也對該行為設定出目標水準。例如，當母親發現孩子每天總是留下十四至十五件沒收拾歸位的玩具時，她決定，若能改變至只留下三件玩具的話，就是一個可以接受的程度。公司職員則可決定，倘若上司能夠至少每隔一天讚美一次，便是個顯著的進步了。

▲針對你選擇改變的行為，請明確陳述你訂定的目標水準：＿＿＿＿＿＿＿

＿＿＿＿＿＿＿＿＿＿＿＿＿＿＿＿＿＿＿＿＿＿＿＿＿＿＿＿＿＿＿＿＿

▶步驟四：選擇適當的注意與讚賞

一旦你對想改善的行為做出具體明確的定義，你也測量了該行為，這使你對該行為目前的程度了然於心，並且能幫助你決定改變該行為到達何種程度，接下來，你應當做的工作就是選擇適當的注意與讚賞方式。其中有幾項原則是必須銘記於心的：

1. 注意與讚賞的方式必須因人而異。對張三有用的，對李四不見得亦能奏效。

2. 注意與讚賞的方式不僅要求變化，將它與一良好行為搭配運用，會使得你的努力更加有效。

3. 特殊的讚賞比一般普通的讚美或注意更加有效。

增強方式應力求變化

「乖孩子，你做得很好」這句話對一個四歲小孩的激勵遠比對四十歲大人要有用得多。同樣的鼓勵對十四歲的孩子來說，可能一點效果都沒有。對小孩而言，當他們在工作或玩耍時，摸摸頭、拍拍肩、或抱抱他們，都是很好的注意方式，特別是你想去增進某種良好行為時，效果更大。

孩子或配偶很能接受這樣的動作，但倘若你碰觸的是職員、老闆或其他可能產生誤解之人的話，這種方式不但會造成反效果，甚至也會使你無事惹來一身腥。

使用注意與讚賞的用語，必須因人而異；因為一再重複使用相同的字眼，會使人麻痺而厭煩。千萬別過度使用諸如「很好」、「乖女孩」這類用語，多給予別人不同形式的讚賞，才能使對方感受到你的讚賞出自於你一片真心誠意。另外，要發掘良好的讚賞字眼，最好的方式便是去傾聽別人在同儕之間表達讚美的語言，然後去試試看。以下列出一些詞句，你可以用來嘗試讚美不同的對象。

酷啊！

了不起！

正確！

正是這樣做！

漂亮！

棒極了！

你真討人喜歡！

我從來都沒想過可以那樣！

你是第一名！

多棒的嘗試（畫、演講、點子）！

你贏了！

真是令人興奮！

一個絕妙的觀點！

你讓我好驚訝！

讓我們再看一次！

我剛沒看到你怎麼做！

哇！

很有深度的問題！

讓人敬佩！

公開或私下的讚賞——該運用何種方式？

當傑明的老闆在部門會議公開稱讚他時，他脹紅了臉，並且顯得很不自在。不久之後，傑明的老闆學會在私下讚許他，跟他一起共進午餐，或給他寫張讚美的紙條。從此之後，傑明的反應一直都很好。

對不同類型的其他人而言，他們也許會使出渾身解數以求成為眾人注目的焦點，但對傑明這樣類型的人來說，公開場合的讚許並不會為他帶來正面的效果。

▲試問你自己，什麼樣的注意與讚賞，對你希望改變行為的對象最為有效？

請在下表勾出你認為最有效的注意或讚賞方式：

☐ 公開的注意與讚美？

☐ 私下的注意與讚美？

☐ 以上兩者皆可？

選擇獨特的讚美字眼

除了切記做出適當的注意與讚賞之外，讚美的用語是否與行為相關，也是很重要的（Bernhardt & Forehand, 1975）。

假如你想讚賞一位能和別人玩而不與人吵架的小孩，你最好說：「你們玩得好高興、好棒啊！」而不要說：「小莉！妳是個乖女孩。」

在給秘書的紙條上寫著：「麗娟，謝謝妳及時完成這份資料的整理。」會比「妳是個好秘書」來得好。

「正翰，我要頒一份榮譽狀給你，因為你趕上了數學的學習進度，真令我訝異！」要比「正翰，謝謝你在數學方面的努力。」好多了。

配合其他良好事物以強化注意與讚賞

在幾次場合中，薇茹無意間聽到母親在電話中跟祖母或鄰居談到，她在照顧剛出生的妹妹上幫了多少的忙。聽到這些好話，薇茹總是充滿笑容，而下回母親要求她幫忙拿尿布或照顧妹妹時，她總是毫不猶豫地樂意去做。

當區域總監來視察時，家德邀他部門裡最優秀的銷售員──國瑞一起午餐，並且與總監分享他正在使用的創新銷售技巧。國瑞之所以繼續留在這家公司努力銷售，而拒絕了其他公司的聘用挖角，正如他告訴他老婆的那樣：「家德真的很賞識、重用我，我不確定我會在大公司得到相同的禮遇。」

何老師稱讚他小二的學生，上課安靜而且準時交作業。他讓學生在下課前五分鐘玩他們喜歡的遊戲。每個月，他總會跟班上的學生說上兩、三次：「真不敢相信你們可以把功課做得這麼好！因為這禮拜你們每個人拼字（或寫字、數學）的表現都這麼好，我們可以額外到遊戲場去玩一玩，慶祝一下！」

瑜婷心裡很感謝她青春期的女兒──惠珠，因為她每個禮拜幫忙做了三次晚餐，還會幫忙跑腿。瑜婷總是在惠珠幫忙之後表示感謝，詢問她是否需要用車或者需要零用錢。因此，惠珠和媽媽之間始終保持著良好的母女關係。

上述的情況，都是給予注意與讚賞以支持、增強某種良好行為的例子。若能與實際的行為緊密結合，使被讚美的一方清楚明瞭對方的讚美來自於其本身的某種行為，將可幫助他了解對方的讚美正是他真心以為的，而非空泛無意義的生活對話，如此一來，讚美將更加持續有力。

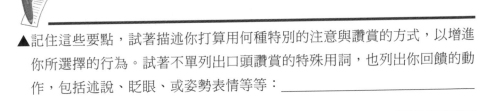

▲記住這些要點，試著描述你打算用何種特別的注意與讚賞的方式，以增進你所選擇的行為。試著不單列出口頭讚賞的特殊用詞，也列出你回饋的動作，包括述說、眨眼、或姿勢表情等等：＿＿＿＿＿＿＿＿＿

＿＿＿＿＿＿＿＿＿＿＿＿＿＿＿＿＿＿＿＿＿＿＿＿＿＿＿＿＿＿＿＿

▲你是否打算將你的注意與讚賞配合其他事物或情境一起出現？假如你的回答是「是」的話，請寫或說出你打算配合什麼事情或活動？＿＿＿＿＿

▶步驟五：時間與頻率的決定

在學校

敏蓉和四年級班上同學間的摩擦由來已久，她的導師畢老師決定要幫她克服困難。星期一，畢老師告訴敏蓉，她知道她可以跟班上同學相處得更好，敏蓉也同意，承諾會盡最大的努力不和同學爭吵。畢老師一向都做記錄，讓她高興的是，自從星期一和敏蓉談過之後，到星期五中午為止，敏蓉避開了任何可能爭吵的狀況。畢老師決定等學校放學，就要稱讚敏蓉這一週來的表現；不料，在星期五的最後一堂課裡，敏蓉又與班上一個經常嘲弄她的男同學對罵。畢老師在放學後找敏蓉談，她告訴敏蓉，即使敏蓉在放學前和同學吵了一架，她真的為她這一整個星期的表現感到欣慰。但是畢老師失望了，因為在接下來的一週內，敏蓉至少和同學吵了三次架，於是她認為她對敏蓉的注意與讚賞並不管用。請問：畢老師到底犯了什麼錯？

在家中

在辦公室辛苦了一整天，瑞恆正在享受晚間看報的時刻。他突然發現他的兒子品傑改變了，變得可以安靜地自己玩，而不會哭鬧著要求爸爸陪他一起玩。瑞恆認為他要給品傑幾秒鐘的注意，他讚美品傑可以安靜地遊戲，然後他決定：「不行，在他這麼安靜的時候我最好不要打斷他。」兩分鐘之內，品傑開始吵鬧，而身為爸爸的瑞恆發現自己竟開始責備品傑打擾了他，至此，直到這天晚餐之前，瑞恆再也沒有片刻寧靜可以享受。瑞恆應該怎麼做才對呢？

在企業體

一位美國中西部的企業主刊登徵才廣告，待遇是其他公司的三倍，數百

個人前來應徵，卻無人真正願意接下這個工作。因為面試時，企業主表示工作的前五年，職員一半的薪資將被運用投資在公司上，五年之後，他將連本帶利、還給員工三倍的薪水。請問：你對此結果感到驚訝嗎？

以上這些情況顯示：

1. 若要達到真正效益，注意與讚賞和其他增強方式一樣，必須在欲增強之行為發生期間或發生後馬上給予。

2. 我們必須小心地避免在不當行為發生後給予注意，否則該不當行為可能會被增進。

3. 即使是金錢這類強力的刺激物，在行為出現後許久才使用，都可能變得毫無效力。

4. 在行為發生時、或發生後立即提供注意與讚賞，是非常重要的。

針對你在期望行為發生時、或發生後立即可給予的系統性注意與讚賞方式，列出一張清單。

▲在期望行為發生期間，我可以做：＿＿＿＿＿＿＿＿＿＿＿＿＿＿＿＿＿

＿＿＿＿＿＿＿＿＿＿＿＿＿＿＿＿＿＿＿＿＿＿＿＿＿＿＿＿＿＿＿＿＿＿

▲在期望行為發生之後，我可以做：＿＿＿＿＿＿＿＿＿＿＿＿＿＿＿＿＿

＿＿＿＿＿＿＿＿＿＿＿＿＿＿＿＿＿＿＿＿＿＿＿＿＿＿＿＿＿＿＿＿＿＿

若無可注意與讚賞之行為，該怎麼辦？

有些人會發現，要給予注意與讚賞實在很困難，因為發生的行為看起來都不過是小事一樁。時常有父母會說：「他一個禮拜記得做一兩件事情，我怎麼能讚美他呢？他應該記得要天天做才是！」或者「他哭鬧個不停，我根本整天都找不到適當的機會讚美他！」一個經理可能會說：「我為什麼要稱

讚她準時上班？這本來就是她工作的一部分！」

　　要找出給予注意與讚賞的原因及方式，一開始都可能很困難。但是根據以往的經驗，在某人沒出現某種行為時，施予提醒或嚴厲斥責都沒有效用，因此，試用新的方法總比一再重複無效的過程來得好。不幸的是，因為過往的失敗經驗，許多人儘管在尋求幫助之時，仍往往不自主抗拒使用有效的新方式。

　　當對象的正向行為少之又少時，我們有兩種選擇。其一是密切觀察，當行為發生頻率達到我們要求的最低水準時，開始給予系統性的注意與讚賞，這種結果經常讓人感到驚奇。其二，當你把焦點從負向行為上移開，開始尋找你想給予注意與讚賞的正向行為時，你會為在對象身上找到那麼多良好行為感到驚訝。

　　戴先生參加了一項親職課程，但他很懷疑系統性注意與讚賞是否能對他兒子孝理有所作用。孝理是個懶散的孩子，除非爸媽提醒他，否則似乎從沒自動自發做完自己的功課、或幫忙做家事；而即使他做了，也是一副老大不情願的樣子。親職課程的領導人鼓勵戴先生在孝理自動自發地完成某事時給予讚美，儘管戴先生對「注意與讚賞」的成效感到懷疑，但他還是盡力在孝理身上尋找可被讚美的行為。兩天之內他發現，孝理未經提醒就自行完成除草和洗車的工作，儘管他依舊沒倒垃圾，房間依然亂七八糟，更斷然拒絕帶弟弟去剪頭髮，戴先生仍然讚美了孝理整理後的草坪有多美，並且感謝他幫忙洗車。他甚至詢問孝理是否想去空曠停車場練習開車，因為孝理即將在明年秋天接受駕駛訓練。戴先生對運用「注意與讚賞」的成效感到驚奇，因為孝理的反應遠遠超過預期中的熱烈積極，甚至就連戴先生自己都能享受駕駛練習的快樂。隔天，戴先生更訝異於孝理自動完成倒垃圾的工作，當他讚美孝理：「兒子，我很高興你已經自己負起責任，這對你媽媽是個很大的幫助！」孝理頓時容光煥發了起來。

　　接下來的一週，孝理不需父母說教就自動除草、將車子裡裡外外清得乾乾淨淨，也記得清理垃圾，雖然他的房間仍舊是一團糟，但戴先生對兒子本身及親子之間的進步感到欣慰不已。

　　也許你也和戴先生一樣，覺得你的子女、員工、或學生值得接受讚美的

行為少之又少，讓你簡直不知該從何開始，如果真是這樣，也許你應該要降低你的標準。在一開始的時候，對丁點大的期望行為立即給予注意與讚賞，才能起步引導對方走向正確的方向，並達到更大的行為目標。

對期待行為的示範

朱麗剛生下一個小寶寶，再加上原來的兩個男孩，一個三歲半，一個六歲，手上的工作使她忙得無暇休息。為了使情況變得簡單些，朱麗決定讓三歲半的兒子世賓幫忙保持房間整潔。不管是自動自發，還是經過她的提醒，朱麗決定要在世賓第一次收拾玩具、書跟衣服時稱讚他，遺憾的是，她發現世賓老是會漏掉一些東西，比如說遺留在地上或床底下的玩具、散落在床上或椅子上的衣服，還有應該要擺在書櫃上卻跑到地上或玩具箱裡的書。

經過五天的期待之後——期待世賓能夠把房間整理得很好，使她不用跟在世賓的屁股後面到處收拾殘局，朱麗理解到，要世賓做到一件可以被稱讚的事可能要等上幾個禮拜甚至幾個月，因此，她毅然決然地決定加速預期行為的產生。她對世賓說：「世賓來，我們一起來整理你的房間。」接著她說：「首先，我們來收拾玩具，我看到玩具有在地板上的，有在床鋪上的，我還看到一個玩具掉到床底下去了，我們一起把它們放回玩具箱裡好嗎？」當世賓開始撿玩具，她就開始稱讚世賓做得很棒，並稱讚他的房間開始變乾淨了。接著她說：「世賓你真是個好孩子，你已經把所有玩具都收好了，現在讓我們看看，是不是有沒有擺在書櫃裡的書啊？」世賓找到一本擺在椅子上的書，並把它擺回書櫃上，這位媽媽再度稱讚了她的兒子，並說：「我看到一本書放在你的玩具箱裡耶，你可不可以把它找出來？」當世賓立刻把它從玩具箱裡找出來並放回書櫃上時，朱麗抱著世賓稱讚他，接著，她把注意力移轉到衣服上，幫忙世賓把鞋子放進鞋櫃，把髒衣服和內衣丟進洗衣籃裡。然後，她握著世賓的手站在房間中央，說：「世賓你看！你把你的房間整理好了！看起來多乾淨漂亮！你的玩具在玩具箱裡面，你的書在書櫃上面，你的鞋子在鞋櫃裡，髒衣服在洗衣籃裡，你幫了媽媽一個大忙，你整理了自己的房間！」

晚餐時，朱麗告訴她先生世賓把房間整理得多好。隔天，她陪著世賓重複一次整理房間的過程。第三天，她和世賓約定要自己收拾好所有的玩具，

一個禮拜之後，世賓已經不需要朱麗提醒或注意，就會主動地收拾玩具、書跟衣服了。

　　花點時間去說明或示範做好一件事情是什麼意思，是一個必要的步驟。假如你的孩子沒有做好工作，可能是因為他們並不知道你期待他們做到什麼。如果是這種情形，請示範給他們看，而且立即給他們讚美，即使他們還需要你的幫忙。

▲想想看，你是否想改變某人的行為至某種程度，而他的行為是否足以讓你對他施予「系統性注意與讚賞」？如果沒有，你是否可以降低標準？
　　是□　否□　必須再觀察看看□

▲你是否必須示範給對方看，什麼樣的行為是你期待他改變的，以便讓你有機會給予讚賞？　否，我不認為有此必要□　是，我想我必須示範給他看□
　　如果你的回答是「是」的話，請說明你將做什麼以鼓勵對方表現適當的行為：
＿＿＿＿＿＿＿＿＿＿＿＿＿＿＿＿＿＿＿＿＿＿＿＿＿＿＿＿＿＿＿＿＿＿
＿＿＿＿＿＿＿＿＿＿＿＿＿＿＿＿＿＿＿＿＿＿＿＿＿＿＿＿＿＿＿＿＿＿

▲儘管你必須協助提示，當期待的行為出現時，你是否會給予注意與讚賞？
　　是□　否□

▲你需要多久的時間才能撤除你的提示與協助？＿＿＿＿＿＿＿＿＿＿＿＿＿
＿＿＿＿＿＿＿＿＿＿＿＿＿＿＿＿＿＿＿＿＿＿＿＿＿＿＿＿＿＿＿＿＿＿

▲在一個新行為建立之後，你還需要持續給予注意與讚賞嗎？　是□　否□

▶步驟六：複習

　　現在你已經準備好運用你的注意與讚賞去增進你所選定的行為。為了正確複習你將做的事，請在下面整理摘要出第一至第五步驟所獲得的資料重點。

1. 界定或明確指出必須改變的行為

描述你將改變的行為。

誰？＿＿＿＿＿＿＿＿＿＿＿＿＿＿＿＿＿＿＿＿＿＿＿＿＿＿＿

什麼行為？＿＿＿＿＿＿＿＿＿＿＿＿＿＿＿＿＿＿＿＿＿＿＿＿

什麼時候？＿＿＿＿＿＿＿＿＿＿＿＿＿＿＿＿＿＿＿＿＿＿＿＿

什麼地方？＿＿＿＿＿＿＿＿＿＿＿＿＿＿＿＿＿＿＿＿＿＿＿＿

2. 行為的計數

測量並描述該行為目前的程度：＿＿＿＿＿＿＿＿＿＿＿＿＿＿＿
＿＿＿＿＿＿＿＿＿＿＿＿＿＿＿＿＿＿＿＿＿＿＿＿＿＿＿＿＿＿

3. 行為目標的設定

請描述你想建立的行為標準：＿＿＿＿＿＿＿＿＿＿＿＿＿＿＿＿
＿＿＿＿＿＿＿＿＿＿＿＿＿＿＿＿＿＿＿＿＿＿＿＿＿＿＿＿＿＿

4. 選擇適當的注意與讚賞

描述你即將使用的注意與讚賞：＿＿＿＿＿＿＿＿＿＿＿＿＿＿＿
＿＿＿＿＿＿＿＿＿＿＿＿＿＿＿＿＿＿＿＿＿＿＿＿＿＿＿＿＿＿

你是否會配合其他活動運用注意與讚賞，使它更具有影響力呢？

是□　否□

如果是，你打算採用什麼活動？＿＿＿＿＿＿＿＿＿＿＿＿＿＿＿
＿＿＿＿＿＿＿＿＿＿＿＿＿＿＿＿＿＿＿＿＿＿＿＿＿＿＿＿＿＿

5. 決定施予注意與讚賞的時間與頻率

描述你打算在何時給予注意與讚賞：＿＿＿＿＿＿＿＿＿＿＿＿＿
＿＿＿＿＿＿＿＿＿＿＿＿＿＿＿＿＿＿＿＿＿＿＿＿＿＿＿＿＿＿

你是否打算從少量的期望行為開始給予注意與讚賞？　是□　否□

你是否會使用鼓勵或示範的方式促使期望的行為出現？　是□　否□

▶步驟七：透過角色扮演練習系統性注意與讚賞

為了使讀者能確切了解在學習與運用系統性注意與讚賞的過程中該做什麼，下面舉一個由三人扮演的角色實例，來說明整個過程。例子中共有三種角色，其一為記錄，記錄下在過程中發生的事情，另外兩人則扮演事情發生情境中的角色行為。然後第二、三次，三個人互換角色，讓每個人都有機會去扮演注意他人的人、受別人注意的人、以及在旁觀察的記錄者。

在接下來的情境裡，由三位教師角色扮演如何運用系統性注意與讚賞。葛老師扮演六年級學生查理，張老師扮演教師，譚老師擔任記錄。

勝隆：在數學課中，你覺得很無聊，想引起老師和鄰座同學的注意來打發時
　　　間，但沒有達成目的，失望之餘，你草草交出作業離開教室。
教師：坐在講台上，你經常有責罵督促、提醒勝隆做功課的習慣。然而，你
　　　現在決定抓住勝隆認真的時機，利用特別的讚美來促進他表現良好的
　　　行為。
記錄：你將觀察老師，在記錄表上記錄老師運用系統性注意與讚賞的次數。

老師們必須準備一張角色扮演的記錄紙，並且分別由三位老師記錄。第一次譚老師記錄，張老師扮演教師；第二次譚老師記錄，葛老師扮演教師；第三次葛老師記錄，由譚老師扮演教師。

記錄表範例：角色扮演

教師行為 （注意與讚賞）	教師扮演者		
	張老師	葛老師	譚老師
1. 眼睛注視學生	√	√	√
2. 移動至距學生三步之內的距離	√	√	√
3. 對學生的作業做特別的評語	√	√	√
4. 面帶微笑	0	√	√
5. 在學生認真作業時給予增強	√	√	√
6. 碰觸學生（非必要）	0	0	√

　　表內顯示，張老師沒有對學生微笑或碰觸學生，葛老師除了沒有碰觸學生外，其他項目都做了，而譚老師在此情境下，則做了系統性注意與讚賞所有必須付諸行動的項目。

請在下面的空白表上寫下你計劃實施系統性注意與讚賞的行動，你可能注視著你的對象、靠近他、做特別的評論、面帶微笑，並在行為發生的五秒鐘內完成這些動作。請與你的指導者查核一下，若他同意你所列的動作，則在這裡□打個勾。

你的指導者、配偶或朋友，都可以協助你在實際運用前建立角色扮演的演練情境。三個人分別扮演注意他人、受人注意及記錄者的角色，並且互相交換角色，使你完成三種角色不同的演練。

▲描述情境中的角色人物以設定場景：

目標人物（受注意者）：＿＿＿＿＿＿＿＿＿＿＿＿＿＿＿＿＿＿＿

＿＿＿＿＿＿＿＿＿＿＿＿＿＿＿＿＿＿＿＿＿＿＿＿＿＿＿＿＿＿＿

施予注意的人：_____

記錄者：在角色扮演中擔任領導，並隨時回饋。

記錄表：角色扮演

教師行為 （注意與讚賞）	教師扮演者		
	1	2	3
1.			
2.			
3.			
4.			
5.			
6.			

▶步驟八：行為的維持

　　為了增進羅文唸書的行為，李老師起先在羅文每唸一分鐘的書，即給予他注意與讚賞，當羅文持續唸書的時間愈來愈久後，李老師發現他應該減少給羅文的注意頻率。經過一段時間之後，羅文持續保持良好的讀書行為，李老師也不必再花時間去注意他了（Hall, Lund, & Jackson, 1968）。

　　在開始增進某種期望行為的出現時，最好給予較頻繁的注意與讚賞，一旦行為建立後，以較少頻率的注意與讚賞也能維持其行為。剛開始，父母可能需要花費很多時間陪在孩子身邊，並要說很多讚美的話，才能使孩子乖乖自行練習彈鋼琴，慢慢的，父母可以離開小孩身邊，並加長時間間隔，從離開兩分鐘到離開四分鐘，慢慢拉長，孩子將在沒有注意的情況下自行練習愈

來愈久，對父母來說，也會變得比較輕鬆。

同樣的，老闆可以每天對表現良好的員工給予回饋。然後慢慢減少回饋的頻率（也許慢慢從一週一次變成一個月一次），這是維持良好行為最佳的方式。

然而切記，別太急著減低注意與讚賞的頻率次數，否則期望的行為可能會開始減少；如果發生這種情形，則必須先增加注意與讚賞的頻率，然後再以較緩慢的步調減少之。

▲請描述當行為建立到高程度時，最好的維持方式為何？＿＿＿＿＿＿＿＿

＿＿＿＿＿＿＿＿＿＿＿＿＿＿＿＿＿＿＿＿＿＿＿＿＿＿＿＿＿＿＿＿＿

▲這表示你應該完全停止運用注意與讚賞嗎？　是□　否□

如果你說有效維持行為的方法是減少給予注意與讚賞的頻率，那麼你就對了。當然，你仍然必須持續給予某些注意與讚賞，否則先前建立的良好行為可能會停止；在沒有增強的情況下，沒有人會願意無限地繼續某項工作。

▶步驟九：注意潛在的問題

不良行為在最初可能增加

有時候，當我們開始著手於注意良好適當的行為以減少負面行為時，這些行為卻會相反地增加，尤其當過去這些負向行為接受到許多注意（即使這些注意的形式可能是責罵或責備）時，更是明顯。對此（在良好行為建立前不良行為的增加），你心中必須有所體認與準備。這也是為什麼我們必須記錄行為的原因之一，假如發生了類似的情況，不要放棄，在大多數的情況下，你期望的良好行為將被增進，而負向行為則會漸次降低。

▲描述你開始運用系統性注意與讚賞時，有可能會發生的事：_____

▲假如以上的事情發生了，你該怎麼辦？_____

如果你說剛開始負向行為可能會增加，但你仍要持續注意適當的行為直到它增加為止，那麼你就對了。

有些人可能拒絕你的注意與讚賞

有些人會在一開始拒絕注意與讚賞，例如有位學生就在老師稱讚他的作業寫得很好時，當場撕掉作業。下回老師稱讚他，又發生相同的情形，但老師並不生氣，等到下一次他把作業交來之後，又給他一次讚美，這次學生看著老師、伸手拿作業，並笑著說：「是呀，我想我是做得不錯。」從此之後，他的作業每次都有進步。

青少年可能會對你的注意與讚賞做出如此評論：「少跟我來這套！」或「我才不管你怎麼想！」這尤其會發生在當你以往總是習慣以責罵對待他時。這時假如你仍然能保持冷靜，並心平氣和地回應「我知道，但我還是很欣賞你所做的。」這類的話，那麼你所期望的行為就可能增加。

記住，你不會想被對方所說的話控制。別管他說的話和說的態度，去觀察他做的事情，假如你期望的行為增加了，你就知道你的系統性注意與讚賞已經產生效用了。

在另一方面，對方給你的負向回饋，也會是一個良好意見，讓你檢視自己所進行的注意與讚賞是否恰當？改以別種形式的注意與讚賞是否對期望行為的增進更加有效？

▲請描述，假若對方一開始就拒絕你的注意與讚賞，你該怎麼做？_____

如果你說，避免在被拒絕時表露出激動不快的情緒，把焦點放在對方的行為而非對方所說的話上，並重新審慎思考你所做的注意與讚賞是否適當，那麼你就對了。

另外，要再次提醒的是，千萬別在行為發生後許久才給予注意與讚賞，等待太久，你助長的將是負向行為。記住，在對方有機會破壞你的系統性注意與讚賞前，先下手為強，使他的行為變好。

▶**步驟十：結果評估**

當你開始企圖改變一個行為時，持續觀察、測量該行為以察看其程度是否改變是很重要的。如下所示，準備好一張簡單的表格以記錄你努力的結果：

日期或時段	1	2	3	4	5	6	7	8	9
行為的程度									

151

▲當前的行為程度與你開始運用系統性注意與讚賞之前的平均水準比較，如何？　增加 □　減少 □　沒有改變 □
▲行為改變的當事人如何反應？_____

▲在行為增進之初，是否有不期望的負向行為產生？　是 □　否 □
▲你在何時最早發現期望行為的增加？_____

▲你是否曾經必須改變你所使用的注意與讚賞形式？　是 □　否 □

▲如果是，你做了什麼樣的改變？_____

_____

▲你的做法是否吻合你先前設立的目標？　是☐　否☐

▲你認為該項行為已被建立且表現得相當不錯，因此你可以減少注意與讚賞的給予頻率了嗎？　是☐　否☐

▲你是否已經有個新行為要以注意與讚賞的運用來改變？　是☐　否☐

▲如果是，是什麼樣的行為？

誰？_____

_____

什麼行為？_____

_____

什麼時候？_____

_____

什麼地方？_____

_____

　　繪製行為記錄圖表可提供我們視覺上的方便，使我們對於行為如何被影響的經過一目了然。下面的圖表顯示了一個母親的注意對兒子將玩具或衣服等物品遺落在房間內的影響。

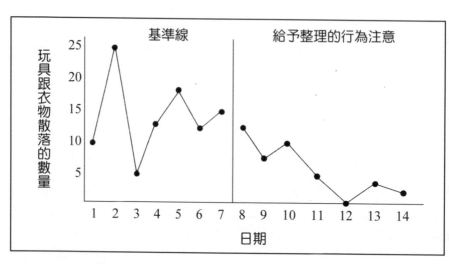

繪製行為記錄圖表

概略的資料圖表可就我們運用系統性注意與讚賞所改變的行為紀錄，提供我們便利的閱覽。如果你在嘗試改變行為之前就已經畫了一條行為的基準線，你可以再畫一條垂直縱線（如上圖所示），以明確區分基準線與之後的行為變異。現在，再把你開始進行改變之後每天或每個階段的行為程度記錄下來，這不但可以提供你視覺上的明確比較，更可以讓你清楚看見有多少行為已經被你改變了。如果你在繪製記錄圖表的時候有任何問題，記得詢問你的指導員。

結語

本篇介紹了如何在運用系統性注意與讚賞改變他人的行為的同時也改善你與他人之間的互動關係。本章所舉的例子不但淺白易懂，而且都來自真實生活的真實案例，它們都是可被系統性注意與讚賞改變的代表。當然，可被此類技巧改變的行為多得不可勝數，然而，有些行為是不能單獨運用系統性注意與讚賞改變的；因生理問題阻礙了機能活動或某些技巧的獲得，顯然就不能單用注意與讚賞的方式克服，但即使是這種問題，都可以在系統性注意與讚賞與其他治療方式的相互配合、連結下，獲得改善。

本篇幫助你學習做個更好的激發者。你習得的是如何發展你天生具備的自然技巧，以及執行讚賞與注意將他人導入正途的方法。然而，要對系統性注意與讚賞的技巧駕輕就熟，則完全視你要花多少心思在其上面而定。當你努力運用注意與讚賞獲得別人對你的正向增強時，不僅別人，有時連你自己的行為都會有所改變。無論你學習這技巧多久或發展多深入，其基本原則都是不變的。當你對這類技巧愈得心應手，它也將成為你個人的一部分，甚至成為你投射給他人的形象。換句話說，比起用嚴厲責罵的方式去刺激別人做

什麼事，當你善於以鼓勵讚美等可親的形式使他人表現得更好，大家（包括你的家庭成員）也會變得更加喜歡你。

方案追蹤

在你進行行為改變的兩週或兩週之後，你必須複習並填寫好這個部分，好讓你的指導者獲得回饋並了解你進行的成效。

1. 你的第一次嘗試是否成功？　是□　否□

2. 你觀察到什麼樣的行為改變？＿＿＿＿＿＿＿＿＿＿＿＿＿＿＿＿＿＿＿
＿＿＿＿＿＿＿＿＿＿＿＿＿＿＿＿＿＿＿＿＿＿＿＿＿＿＿＿＿＿＿＿＿

3. 你遭遇到什麼樣的問題？＿＿＿＿＿＿＿＿＿＿＿＿＿＿＿＿＿＿＿＿＿
＿＿＿＿＿＿＿＿＿＿＿＿＿＿＿＿＿＿＿＿＿＿＿＿＿＿＿＿＿＿＿＿＿

4. 你是否順利解決了問題？如果是，你是怎麼解決的？＿＿＿＿＿＿＿＿＿
＿＿＿＿＿＿＿＿＿＿＿＿＿＿＿＿＿＿＿＿＿＿＿＿＿＿＿＿＿＿＿＿＿

5. 請簡要描述你已經改變的其他任何行為：＿＿＿＿＿＿＿＿＿＿＿＿＿＿
＿＿＿＿＿＿＿＿＿＿＿＿＿＿＿＿＿＿＿＿＿＿＿＿＿＿＿＿＿＿＿＿＿

6. 你打算繼續嗎？　是□　否□　對象是誰？＿＿＿＿＿＿＿＿＿＿＿＿
＿＿＿＿＿＿＿＿＿＿＿＿＿＿＿＿＿＿＿＿＿＿＿＿＿＿＿＿＿＿＿＿＿

7. 你現在可以有效地運用系統性注意與讚賞了嗎？
是□　否□　大概可以□

8. 請寫下你的建議：＿＿＿＿＿＿＿＿＿＿＿＿＿＿＿＿＿＿＿＿＿＿＿＿
＿＿＿＿＿＿＿＿＿＿＿＿＿＿＿＿＿＿＿＿＿＿＿＿＿＿＿＿＿＿＿＿＿

記錄方法：＿＿＿＿＿＿＿＿＿＿

作者：
名稱：

行為管理
原始資料單

受試：
地點：

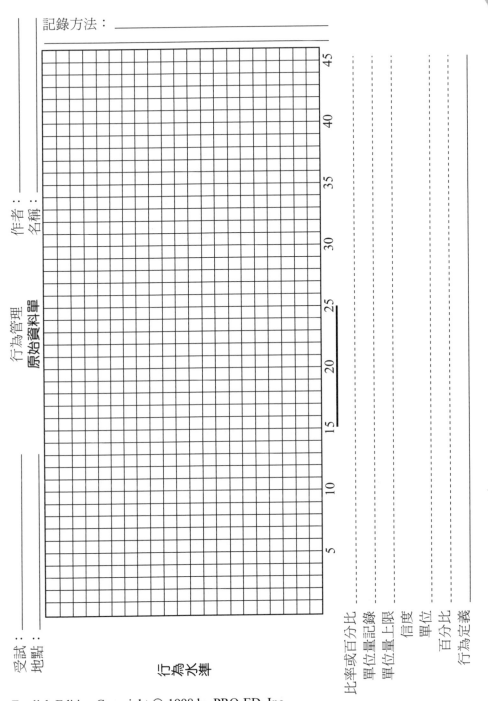

行為水準

比率或百分比
單位量記錄
單位量上限
信度
單位
百分比
行為定義

參考文獻

Allen, K. E., Hart, B. M., Buell, J. S., Harris, F. R., & Wolf, M. M. (1964). Effects of social reinforcement on isolate behavior of a nursery school child. *Child Development, 35,* 511–518.

Axelrod, S. (1983). *Behavior modification for the classroom teacher.* New York: McGraw-Hill.

Axelrod, S., Hall, R. V., & Maxwell, A. (1972). Use of peer attention to increase appropriate classroom behavior. *Behavior Therapy, 3,* 349–351.

Bernhardt, A. J., & Forehand, R. (1975). The effects of labeled and unlabeled praise upon lower and middle class children. *Journal of Experimental Child Psychology, 19,* 536–543.

Brown, R., Copeland, R., & Hall, R. V. (1972). The school principal as a behavior modifier. *Journal of Educational Research, 4,* 175–180.

Cossairt, A., Hall, R. V., & Hopkins, B. L. (1973). The effects of experimenter's instructions, feedback and praise on teacher praise and student attending behavior. *Journal of Applied Behavior Analysis, 6,* 89–100.

Daniels, A. C. (1994). *Bringing out the best in people: How to apply the astonishing power of positive reinforcement.* New York: McGraw-Hill.

Esveldt-Dawson, K., & Kazdin, A. E., (1998). *How to maintain behavior.* Austin, TX: PRO-ED.

Hall, R. V., & Broden, M. (1967). Behavior changes in brain-injured children through social reinforcement. *Journal of Experimental Child Psychology, 5,* 463–479.

Hall, R. V., Lund, D., & Jackson, D. (1968). Effects of teacher attention on study behavior. *Journal of Applied Behavior Analysis, 1,* 1–12.

Hall, R. V., Panyan, M., Rabon, D., & Broden, M. Instructing beginning teachers in reinforcement procedures which improve classroom control. *Journal of Applied Behavior Analysis, 1,* 315–322.

Harris, F. R., Wolf, M. M., & Baer, D. M. (1964). Effects of adult social reinforcement on child behavior. *Young Children, 20,* 8–17.

Hart, B. M., Allen, K. E., Buell, J. S., Harris, F. R., & Wolf, M. M. (1964). Effects of social reinforcement on operant crying. *Journal of Experimental Child Psychology, 1,* 145–153.

Kazdin, A. E. (1994). *Behavior modification in applied settings.* Pacific Grove, CA: Brooks / Cole.

Kempen, R. W. (1977). *The effects of performance standards, feedback and contingent supervisor praise on the performance of industrial workers.* Unpublished masters thesis.

Kempen, R. W., & Hall, R. V. (1977). Reduction of industrial absenteeism: results of a behavioral approach. *Journal of Organizational Behavior Management, 1,* 1–21.

Kirby, F. D., & Shields, F. (1972). Modification of arithmetic response rate and attending behavior in a seventh-grade student. *Journal of Applied Behavior Analysis, 5,* 79–84.

Sulzer-Azeroff, B., & Mayer, G. R. (1991). *Behavior analysis for lasting change.* Fort Worth, TX: Holt, Rinehart and Winston.

4 如何讓孩子朝我們期望的方向發展？

國家圖書館出版品預行編目（CIP）資料

管教孩子的 16 高招.第二冊，如何維持孩子
良好的行為／N. H. Azrin 等作；盧台華等譯.
--二版.--臺北市：心理，2011.1
面；　公分.--（輔導諮商系列；21094）
ISBN 978-986-191-398-8（平裝）

1.親職教育　2.子女教育

528.2　　　　　　　　　　　　　99020114

輔導諮商系列 21094

管教孩子的 16 高招（第二版）（第二冊）
如何維持孩子良好的行為

作　　　者：N. H. Azrin, V. A. Besalel, K. Esveldt-Dawson, A. E. Kazdin,
　　　　　　R. V. Houten, R. V. Hall, & M. L. Hall
主　　　編：吳武典
譯　　　者：盧台華、王文秀、邱紹春、蔡崇建、王宣惠
執行編輯：高碧嶸
總 編 輯：林敬堯
發 行 人：洪有義
出 版 者：心理出版社股份有限公司
地　　　址：台北市大安區和平東路一段 180 號 7 樓
電　　　話：(02) 23671490
傳　　　真：(02) 23671457
郵撥帳號：19293172　心理出版社股份有限公司
網　　　址：http://www.psy.com.tw
電子信箱：psychoco@ms15.hinet.net
駐美代表：Lisa Wu（Tel：973 546-5845）
排 版 者：臻圓打字印刷有限公司
印 刷 者：正恒實業有限公司
初版一刷：1994 年 8 月
二版一刷：2011 年 1 月
二版二刷：2013 年 7 月
I S B N：978-986-191-398-8
定　　　價：新台幣 150 元